Tochter
Mutter
weise Frau

Titel der italienischen Originalausgabe: MAMA MIA MADRE NOSTRA
Erschienen bei: Edizioni L'Età dell'Acquario é un marchio di Lindau s.r.l.
© Edizioni L'Età dell'Acquario 2012
durch Vermittlung von Christina Vikoler Literary Agency

Michaela Zadra:
Tochter - Mutter - weise Frau
Projektmanagement:
Marianne Nentwig
© Lüchow in J. Kamphausen
Mediengruppe GmbH,
Bielefeld 2014
info@j-kamphausen.de
www.weltinnenraum.de

Übersetzung: Christina Vikoler
Lektorat: Regina Rademächers
Umschlaggestaltung: Morian & Bayer-Eynck,
Coesfeld, www.morian-bayer-eynck.de
Covermotiv: Hildegard Morian
Bordüre: Shutterstock/Karakotsya
Layout/Satz: Wilfried Klei
Druck & Verarbeitung:
Westermann Druck Zwickau GmbH

Bibliografische Information der Deutschen Nationalbibliothek

Die Deutsche Nationalbibliothek verzeichnet diese
Publikation in der Deutschen Nationalbibliografie;
detaillierte bibliografische Daten sind im Internet
über **http://dnb.d-nb.de** abrufbar.

1. Auflage 2014

ISBN Printausgabe: 978-3-89901-704-5
ISBN E-Book: 978-3-89901-816-5

Michaela Zadra

Tochter Mutter weise Frau

Die Kraft der Weiblichkeit
entdecken

Aus dem Italienischen
von Christina Vikoler

Lüchow

Vorwort

Die Mutter ist die erste Weiblichkeit, der wir in unserem Erdendasein begegnen. Es ist die Frau, die unser Leben erst möglich macht, weil sie uns in ihrem Bauch hat wachsen lassen und uns geboren hat. Sie ist der Raum, in dem sich neues Leben entfaltet hat: unser Leben. Alles, was wir sind, wurde in ihr genährt, versorgt, geformt und beschützt. Der Beginn unseres Lebens ist untrennbar mit ihr verbunden; wir haben neun Monate lang alles miteinander geteilt und miteinander getan: mitgefühlt, mitgegessen, mitgetrunken, mitgeatmet. Wir waren eins.

Die Mutter hat somit eine besonders tiefgehende Wirkung auf das Leben eines jeden Menschen – und natürlich jeder Frau. Es muss uns allen endlich bewusst werden, welchen großen Einfluss die Mutter durch ihre eigene Lebensweise auf unsere heutigen Entscheidungen hat, sonst wird es schwer sein, eine Gleichwertigkeit der Geschlechter zu leben und zu erfahren. Ihr Einfluss reicht bis über die Schwangerschaft hinaus, nämlich bis zur Zeit der Entstehung der Eizelle. Es sind Erfahrungen, die wir abrufen können und die uns eine Ahnung davon geben, wie sehr die Mutter unser gesamtes Leben durchwirkt und sich in unserem Erfahrungsschatz und in unseren Träumen festsetzt. Sie kann zu einem alles durchdringenden, undurchschaubaren, undefinierbaren und unfassbaren „Etwas" werden, das den religiösen Beschreibungen des weiblichen Prinzips, aus dem alles geboren wird, sehr nahekommt.

Das Thema „Mutter" ist unglaublich vielfältig und weitschichtig, und um das Ganze überschaubar zu halten, ist dieses Buch in drei Teile gegliedert, welche die verschiedenen Erfahrungsebenen widerspiegeln, die in jeder Frau wirken.

Die einzelnen Ebenen zeigen, an welchem Punkt innerhalb des Mutterzyklus eine Frau sich gerade befindet und welche Themen ihre Lebensphase jeweils beherrschen.

Teil 1: **Tochter sein**	Teil 2: **Mutter sein**	Teil 3: **Mutter und Tochter dieser Welt sein**
Kindheit	Erwachsenenalter	Weise Frau
Lernen	Sich erfahren	Erfahrung weitergeben
Die ersten 21 Jahre	Bis 49 Jahre	Bis zum Tod
Außen	Außen/Innen	Innenraum
Ich	Ich und Du	Wir

Jede dieser drei Stufen baut auf die vorhergehende auf. Keine kann übersprungen, ausgetauscht oder verändert werden. Momente des Übergangs von einer Phase zur nächsten, wo sich das Alte mit dem Neuen trifft und in denen beide Aspekte des Mutterzyklus wirken, können eine Zeit der Unsicherheit oder Angst sein, aber ebenso gut auch Lust auf Neues mit sich bringen.

Der erste Teil des Buches ist ein Streifzug durch die eigene Geschichte als Tochter: die Geschichte mit der eigenen Mutter, die eigene Vergangenheit und die eigenen Wurzeln sowie Sinn und Grund unseres Daseins. „Alles, was eine Mutter tut, bleibt im ganzen Leben ihres Kindes wirksam. Ja, ihr Einfluss reicht sogar in die folgenden Generationen hinein. Was sie an innerer Substanz besitzt, gibt sie der Tochter weiter, und diese reagiert darauf in ihrer Weise. Dieser Prozess vollzieht sich unabsichtlich und zwangsläufig ...“[1]

Die Fragen dieses ersten Teils lauten: Woher komme ich? Wie war es dort, was habe ich mitgebracht und was als Mütterlichkeit gelernt?

In die Vergangenheit einzutauchen, eröffnet uns neue Möglichkeiten, wie wir uns in positiver Art und Weise von der Mutter und deren Lebensmustern trennen können.

Im zweiten Teil des Buches widmen wir uns der Abgrenzung, der Entwicklung der „inneren Mutter“ und der eigenen Lebensbestimmung. Das Leben wird nicht nur fraulicher, sondern auch erfüllender und zufriedener. Die Begabungen und Fähigkeiten treten ans Tageslicht, und so kommt Freude am Frausein und – als natürliche Konsequenz – Freude am Leben selbst und am Lebendigsein auf.

Übergänge und Hindernisse auf dem Weg der Selbstwerdung stellen nicht länger ein notwendiges Übel dar, sondern sind vielmehr eine Herausforderung zur Bewusstseinserweiterung. Nicht das „Anders-Sein" sondern das „Ich-selbst-Sein" rückt nun in den Mittelpunkt.

Im dritten Teil nähern wir uns schließlich dem „Großen Weiblichen", auch „Große Mutter" genannt. Uns wird langsam bewusst, dass die Verantwortung, als Frau in dieser Welt zu wirken, der einzige Beitrag zu einem friedlichen Miteinander der Geschlechter sein kann.

Unsere Reise beginnt mit der ersten Zelle, dem Ei, schlummernd im Eierstock der Mutter, und setzt sich von dort kontinuierlich fort. Mit der stetig wachsenden Bewusstwerdung der eigenen Weiblichkeit beginnt der Weg einer jeden Frau.

Teil 1:
Tochter meiner Mutter

1.1 Verkörperung

Der Beginn des Lebens hängt von unglaublich vielen Faktoren und Zufällen ab. Es ist ein mystischer Moment voller Wunder und die Tatsache, dass wir hier auf Erden weilen und leben, ist schon Glück genug.

Die letzten Jahrtausende des Patriarchats haben uns die Vor- und Nachteile der männlichen Kraft und Macht aufgezeigt, so wie die Jahrtausende davor von der Kraft und Macht der Frau in der matriarchalischen Epoche zeugen. Jetzt befinden wir uns an der Schwelle zur Ebenbürtigkeit der Geschlechter.

Doch diese Ebenbürtigkeit kann keine Gleichheit sein, denn wir sind nicht gleich! Mann und Frau sind verschieden und brauchen unterschiedliche Unterstützung, sie durchleben verschiedene geschlechtsspezifische Entfaltungen und beschreiten andere Entwicklungswege. Durch geschlechtsspezifische Erfahrungen werden neue Frauen- und Männerbilder kreiert, die wiederum zu neuen Beziehungsmodellen führen. Gegenseitige Achtung und

Unterstützung sind eine ideale Grundlage, um den Frieden zwischen den Geschlechtern zu erhalten. Die Frage, wie man als „neuer Mann" oder als „neue Frau" lebt, wird uns noch einige Generationen lang beschäftigen.

Am Ende der Reise steht immer die Ganzheit innerhalb des Einzelnen und in der Verbindung mit den anderen. Jetzt, in der Zwischenzeit, lernen wir uns gerade durch die Unterschiede besser kennen und wirken – im besten Fall – befruchtend aufeinander, damit das, was wir Evolution nennen, sich weiter vollziehen kann.

Achtung und Respekt gewinnen in unserer schnelllebigen Gesellschaft wieder an Wert und so können die weiblichen Seiten in jeder Frau wieder erklingen und in all ihrer Natürlichkeit gelebt werden.

Was allen Frauen gemeinsam ist, ist die Mütterlichkeit: Alle Frauen hatten eine Mutter und besitzen eine „innere Mutter", alle Frauen verfügen über einen angeborenen Mutterinstinkt – ungeachtet der Tatsache, ob sie ihn ausleben oder nicht. Ob eine Frau ihre Mütterlichkeit voll oder nur teilweise lebt, spielt dabei keine Rolle. Auch nicht, ob sie Kinder gebiert oder nicht, denn auch das ist nicht entscheidend für den Zugang zu ihrer persönlichen Mütterlichkeit. Jede Frau hat sie in sich und lebt sie auf ihre ganz persönliche Weise. Selbst wenn sie keine Kinder großziehen will, durchzieht die Mütterlichkeit ihr Leben, denn die Fähigkeiten des Nährens, Hegens, Pflegens und Behütens können in vielfältigster Weise gelebt werden.

Ohne die gelebte Mütterlichkeit ist das Leben der Frau trocken und spröde und auch Beziehungen können durch diese Gefühlskälte zugrunde gehen. In manchen Kulturkreisen wird die Mütterlichkeit unterdrückt, in anderen Ländern wird sie kultiviert, in manchen vergöttert, in wieder anderen einfach hingenommen und akzeptiert. Was alles aber noch lange nicht bedeutet, dass das Muttersein gefördert und wertgeschätzt oder gar respektvoll anerkannt wird.

Das Muttersein durchwirkt alle Lebensbereiche, auch die der Religion: Maya, Maria, Quan Yin sind nur einige bekannte Mutterfiguren, die uns unwiderruflich an die Pflichten jeder Mutter erinnern. Sie verstehen all unsere Nöte und Besorgnisse, zu ihnen kann jeder kommen und jeder wird angenommen. Im Buddhismus zum Beispiel wird in manchen Traditionen die Mutter Buddhas, Maya, höher gestellt und stärker verehrt als der Buddha selbst. Man ist der Überzeugung, dass es mehr erleuchtete Wesen gäbe, wenn es nur mehrere solcher Mütter gäbe.

Doch nicht nur in der Religion ist die Mutter von großer Bedeutung, auch in der Forschung geschieht gerade einiges:

Neue Horizonte tun sich auf, welche die tiefe Verbindung und die Intelligenz von Kindern und ihren Müttern erahnen lassen. Der Verhaltensforscher Daniel Stern beobachtete die vielen Kommunikationsmöglichkeiten von Babys und deren Verhalten. Ihre wortlose Sprache beschreibt er in seinem „Tagebuch eines Babys"[2] sehr ausführlich. Er beobachtete, wie der Säugling bereits mit sieben Monaten entdeckt, dass er und die Menschen in seiner Umgebung differenzierte Seelenleben besitzen, und dass Gefühle und Gedanken mit den anderen Personen ausgetauscht oder mitgeteilt werden können. Säuglinge besitzen von Anfang an ein Kernselbst: „Auch haben sie in hohem Maß die Kontrolle über den Sozialkontakt mit der Mutter. Mit anderen Worten: Sie tragen zur Steuerung des Kontakts bei."[3]

Auch über die vorgeburtlichen Stadien wurde viel Neues entdeckt, wie z.B., dass das noch nicht geborene Kind bereits seine Umwelt erkundet und über die Sinne kennenlernt. In all diesen Phasen spielt die Mutter eine große Rolle, vor allem dadurch, wie sie bereits vor der Geburt zu ihrem Kind steht. Mütter bestimmen das Leben des Kindes mehr, als diesen später bewusst ist. Unser Verhalten scheint oftmals völlig vorherbestimmt – angelernter Wiederholungszwang bestimmt das, was wir freie Wahl nennen. Vom freien Willen und der eigentlichen Freiheit scheint in den meisten Entscheidungen nicht viel übrig zu sein, selbst dann nicht, wenn man sich besonders freiheitlich gibt. Und doch wird wirkliche Freiheit nur dann erfahren, wenn die alten Konditionierungen wegfallen. Dass dieser Zustand für die Mehrheit der Menschen unerreichbar scheint, kommt der Marktwirtschaft gerade recht, denn sie bedient sich der Illusion, dass sich Freiheit erkaufen ließe.

Im Buddhismus wird diese Freiheit als Leere oder Einheit beschrieben, die mit dem Wegfallen der Konditionierungen zusammenhängt. Diese Einheitserfahrung wird als eine Situation erlebt, in der sich alle Gedanken und Muster auflösen oder wie weggeblasen sind – und man einfach nur ist. Das kann ohne Weiteres zunächst ein Schock sein, weil man nicht weiß, was sich gerade auflöst, weil man nicht benennen kann, was einen vorher beengt hatte. Deshalb ist es ratsam, die Konditionierungen, in denen man steckt, zunächst zu erkennen, bevor man beginnt, sie zu transformieren oder zu transzendieren.

Sie beginnen bereits im Leib unserer Mutter.

Der Beginn des Lebens

Wenn wir an den Beginn des eigenen Lebens denken, dann wandern die meisten gedanklich zum Zeitpunkt ihrer eigenen Geburt zurück. Auch wenn die Geburt nicht der eigentliche Lebensbeginn ist, so ist es doch ein gewaltiger Prozess und bleibt stärker in Erinnerung als die vorgeburtliche Zeit. Es ist der Moment, in dem „der Mensch den kreativen Naturkräften am nächsten ist".[4]

Die Geburt ist für Mutter und Kind gleichsam traumatisch, denn es gilt, viel Druck und viele Schmerzen auszuhalten. Die Tatsache, dass der Kopfumfang eines Säuglings in den letzten Jahrtausenden durchschnittlich um drei cm gewachsen ist,[5] während das Becken der Frau gleich geblieben ist, trägt sicherlich ebenfalls dazu bei, dass die Geburten heute schwieriger geworden und mit mehr Komplikationen verbunden sind. Auch unter den besten Bedingungen, wie zum Beispiel einer Wassergeburt, ist der Stresspegel für Kind und Mutter traumatisch hoch, denn auch hier wird der Leib (vor allem die Schädelknochen und Schultergelenke) des Kindes mittels Muskelkontraktionen durch die engen Beckenwände der Mutter gezwängt, was eine unheimliche Spannung und Schmerzen für beide bedeutet.

Es wundert mich nicht, dass viele Ärzte dem Geburtsgeschehen nicht ohne Hilfsmaßnahmen, in Form von Medikamenten, zusehen können. Und viele Frauen nehmen die sanften wie auch die radikalen Hilfen gerne an, auch wenn eine Narkose gar nicht notwendig wäre, denn sie sind in dieser Hinsicht verunsichert. Die Erfahrungen zeigen, dass die Geburt weitreichende und lebensprägende Auswirkungen auf Mutter und Kind hat, die sich dann auch in den ersten Lebensmonaten und -jahren des Kindes zeigen. So hat „Dr. Bertel Jacobsen, ein schwedischer Forscher, eine Verbindung von opiumabhängigen Erwachsenen und deren Geburt herausgefunden, bei der den Müttern eine Opius - barbiturates - Mischung verabreicht worden war. Es wurde auch beobachtet, dass Kinder, die während einer Narkose geboren wurden, längere Zeiten brauchten, um sitzen, stehen und gehen zu lernen. Auch Sprachentwicklung und im Schulalter Auffassungsgabe, Unterscheidungs- und Kritikfähigkeiten waren eingeschränkt".[6]

Eine Narkose kann auch lebenslang das Gefühl hervorrufen, man würde wie „im Nebel leben". Eine sehr drastische Form der Geburt ist der Kaiserschnitt, bei dem Mutter und Kind um ihre Zusammenarbeit gebracht werden. Dadurch kann das Kind im späteren Leben möglicherweise keine körperliche Sicherheit und kein Selbstvertrauen entwickeln, und auch Bindungsstörungen sowie eine allgemeine erhöhte Kontroll-Haltung, die vor weiteren Eingriffen und Übergriffen schützen soll, treten hier häufiger auf.

Weitere invasive Eingriffe sind Zangengeburten, deren Folge nicht selten chronische Kopfschmerzen sind. Aber auch jegliche Art von medikamentöser Einleitung oder Beschleunigung des Geburtsgeschehens kann ein lebenslanges Gefühl der Abhängigkeit produzieren: Ich habe die Situation nicht selbst in der Hand, sondern immer jemand anders. Nicht vergessen sollten wir an dieser Stelle, dass es natürlich auch drastische Eingriffe gibt, die das Leben von Mutter und Kind retten und für die man in erster Linie dankbar sein sollte. Wir sprechen hier allerdings von einer jährlich zunehmenden Zahl nicht notwendiger Eingriffe, die aus Angst, Bequemlichkeit, Ignoranz und Unsicherheit vorgenommen werden. Das Gefühl der Ohnmacht, das sich hier prägend festsetzt, überschattet nicht nur die Geburt, sondern das ganze Leben.

„Die Forschung hat festgestellt, dass Babys den Geburts-
prozess durch ihr Hormonsystem selbst initiieren.
Außerdem unterliegen Beginn und Tempo des Geburts-
prozesses einem natürlichen Rhythmus, der zum großen
Teil durch die Biologie des Kindes strukturiert wird. Wenn
der Rhythmus durch Drogen verändert wird, empfindet
es zunächst Schock, Verwirrung und Angst, danach setzt
das Gefühl von Unterbrechung, Störung, Vereinnah-
mung, Invasion und Fremdkontrolle ein."[7]

Egal mit welchen Medikamenten der Mutter bei der
Geburt „geholfen" wird, die Dosis wird anhand des Kör-
pergewichts der Mutter berechnet und ist demnach für
den kleinen Körper des Kindes eine totale Überforderung.

Meiner eigenen Mutter war es damals recht, Wehen
beschleunigende Mittel verabreicht zu bekommen, die
den gesamten Geburtsverlauf auf zwei Stunden redu-
zierten, und sie war froh, dass die Geburt nicht tagelang
dauerte wie die meines großen Bruders. Eine der Auswirkungen war, dass ich als erwachsene Frau oft – und vor
allem vor neuen Projekten – literweise Kaffee trank, um
in einen Zustand zu gelangen, der mir auf ganz ähnliche
Art und Weise suggerierte, „alles geht schneller als mein
körpereigenes Tempo und ohne mein direktes Zutun. Ich
muss mich nicht anstrengen."

Die körperliche Vergiftung von damals verabreichte
ich mir selbst wieder und wieder. Wörter wie „Halt!" und
„So nicht!" waren für mich erst nach einigen Therapiesit-
zungen ohne Schuldgefühle aussprechbar.

Wenn man über derartige Zusammenhänge Bescheid weiß, dann ist ein Blick auf die internationalen Statistiken besorgniserregend: Brasilien hat mit 40% die höchste Kaiserschnittgeburtsrate, gleich gefolgt von Italien mit 35% (mit Höchstzahlen von 51% in privaten Kliniken in der südlichen Region Kampanien)".[8] Portugal hat von den europäischen Staaten eine knapp höhere Rate als Italien[9], obwohl seit 1985 die festgelegte Höchstrate nach Gesetzen der OMS 10 bis 15%[10] betragen sollte. Bei 36,7% aller Geburten in Italien werden Anästhetika verwendet.[11] Im Jahr 2003 haben 687.500 Frauen in deutschen Krankenhäusern entbunden (Krankenhausentbindungen = 98,7% aller Entbindungen). Laut Statistischem Bundesamt wurde bei 25,5% dieser Frauen ein Kaiserschnitt durchgeführt. 10 Jahre zuvor lag dieser Anteil noch bei 16,9%.[12]

In Österreich lag die Kaiserschnittrate im Jahr 2010 bei 31,5% aller Geburten.[13]

Es braucht Mut, um nicht in den Reigen der gewollten Machtlosigkeit miteinzustimmen, sondern den Weg der Eigenbestimmung und des Respekts zu gehen. Der könnte so aussehen, dass Mütter damit beginnen, mehr Unterstützung für sich und für die natürlichere Geburt einzufordern, damit die Nabelschnüre (im wörtlichen wie im übertragenen Sinne) auspulsieren können, bevor sie durchschnitten werden. So kann das Baby nach der Geburt bei Eltern aufwachsen, die lernen, dem heran-

wachsenden Sprössling empathisch zu begegnen, oder
sie können gemeinsam die Geburtstraumen aufarbeiten.
Es bräuchte mehr qualitative psychologische Beratung
vor, während und nach den Geburten, die die Mutter-
Kind-Beziehung in den Mittelpunkt rückt und auch den
Vater miteinbezieht – was für erfüllende persönliche
Beziehungen der wichtigste Ausgangspunkt ist!

Die Geburt ist der Moment der ersten Abnabelung und
der erste Schritt des Kindes, der von der Mutter weg-
führt. Das Verlassen der gewohnten Umgebung, die bis
dahin geschützt, genährt und behütet hat, ist nicht nur
schmerzhaft, sondern ein lebenswichtiger Vorgang, der
Respekt verlangt. Das Muster dieses sehr persönlichen
Weges in eine unbekannte Zukunft und in eine völlig
neue Umgebung hinein wiederholt sich in vielfältiger
Weise im Leben des Erwachsenen.

Ich selber konnte in meinen Regressionen erfahren, dass
viele Einzelheiten der Geburt, an die weder meine Mutter noch die Hebamme sich erinnern konnten, in meiner
Körper-Erinnerung gespeichert waren: vom Gemisch der
Gerüche des Kaffees, den die Hebamme gerade getrun-
ken hatte, mit dem Desinfizierungsmittel, das offen
herumstand, bis zu den Worten, die die beiden Frauen
miteinander wechselten; den Ängsten meiner Mutter,
ihren Gedanken und sogar den Gedanken und Gefühlen
des Vaters, der gar nicht anwesend war – ich hatte alles

registriert. Weiterhin war für mich sehr eindrücklich, dass ich aus einem weiblichen Körper geboren wurde. Genauso weiblich wie meiner!

Die Tatsache, dass eine Frau sich in einem weiblichen Körper entwickelt und durch einen gleichgeschlechtlichen Körper auf die Welt kommt, ist einer der großen Unterschiede zwischen Frau und Mann. Ein Unterschied, der bestimmt, wie sie sich in Beziehungen erfahren und erleben.

Im Mutterleib lebt und entwickelt sich der Mann in intimster Beziehung und gegenseitiger Abhängigkeit in einem andersgeschlechtlichen Körper. Eine Intimität, gepaart mit einer Fülle von Eindrücken, die er später nie wieder so tief gehend und über so lange Zeit hinweg spüren wird. Die zukünftige Frau hingegen erlebt diese tiefe Intimität in einem gleichgeschlechtlichen Körper. Diese Verbundenheit, die wir oft schlicht mit Intimität vergleichen, wird daher von beiden Geschlechtern unbewusst zunächst in der Frau gesucht. Die Frau wendet ihren Blick auf der Suche nach Ganzheit ihrem eigenen Inneren zu, der Mann sucht sie außerhalb seines Selbst im Weiblichen.

Diese Einheit, die in der Beziehung mit sich oder dem anderen gesucht wird, ist jedoch nicht in der Vergangenheit zu finden, wie unsere physischen Körper es uns glauben machen möchten. Unsere Körper haben die Erinnerung von unendlicher Intimität und Einheit durch die Schwangerschaft gespeichert, aber einzig und allein im „Hier und Jetzt" können wir diese tief greifende Erfahrung der Einheit und Intimität wieder erleben. Die Bewusstwerdung und Klärung der Vergangenheit kann das Erlebnis des „Hier und Jetzt" erleichtern und oft sogar erst möglich machen.

Inkarnation

Der eigentliche Beginn des Lebens ist nicht die Geburt, sondern die Zeugung. Dieser unbeschreiblich magische, alles beinhaltende Moment ist in unserer Erinnerung völlig vom Schock der Geburt überschattet. Wir haben keine direkten Erinnerungen mehr an dieses Ereignis, das eine solche Fülle an Informationen über uns enthält, dass es schier unmöglich ist, sie in irgendeiner Weise festzuhalten. Durch unsere Sexualität, vor allem im Augenblick des Orgasmus, sind alle Informationen am einfachsten abzurufen und bewusst zu machen.

In Rückführungen (eine begleitete Therapie, die in die Vergangenheit zurückführt) konnte ich erleben, wie sehr der Augenblick meiner Zeugung für mein ganzes weiteres Leben prägend war. Er enthält das gesamte männliche und weibliche genetische Material, das an sich schon eine Myriade von Möglichkeiten der Entfaltung bietet. In der Zusammenkunft des Eis mit dem Spermium geschieht so vieles, das sich prägend auf die eigene geschlechtliche Entwicklung und auch auf die Art und Weise unserer sexuellen Beziehungen auswirkt. Jeder sexuelle Akt ist einmalig, weil schon die Gegebenheiten einmalig sind: der Zeitpunkt der Vereinigung, die Gefühle der Eltern, die nähere und ferne Umgebung.

Ob der Vater mit seinem Vorgesetzten gerade einen Streit hatte und ärgerlich nach Hause kam, ob die Mutter gerade noch schnell ein Stück Schokolade vor dem Liebesspiel verdrückt hat, ob eventuelle Geschwister bereits herumtollen und die Eltern leise sein müssen: Alle diese Faktoren spielen eine wichtige Rolle bei der Entstehung eines neuen Lebens. Und bis ein Spermium die riesige Eizelle schließlich erreicht, hat sich schon so unglaublich viel ereignet, was sich im Leben dieses neu entstehenden Menschen widerspiegeln wird.

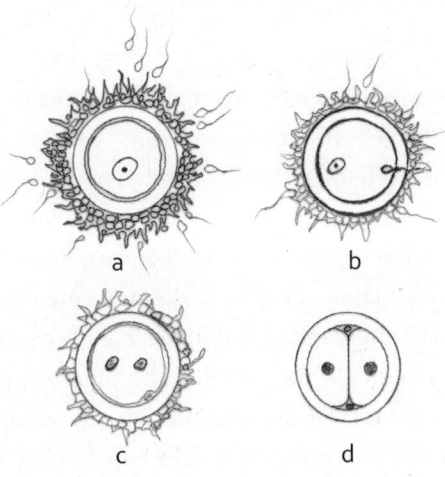

Eizelle und Spermium: Die Vereinigung in 4 Phasen

Wenn die Spermien das Ei umringen, beginnen die ersten
Ankömmlinge direkt damit, in die erste Schicht einzu-
dringen. (a) Es sieht so aus, als würden die Spermien das
Ei anknabbern, um sich den Weg ins Innere zu bahnen.
Doch dann plötzlich, als würde sich das Ei für einen der
Bewerber entscheiden, zieht es dieses eine Spermium in
sich hinein. Nur eines von ihnen wird vom 100.000-fach
größeren Ei hereingelassen, oder wie es manche in ihrer
Erfahrung beschreiben: erkannt und hineingezogen. (b)
Für den Bruchteil einer Sekunde stehen sich Ei und Spermium gegenüber und es wirkt fast so, als bemusterten
sie sich. Das Ei scheint zu denken: Was hab ich mir da an
Land gezogen? Das Spermium: Wo bin ich hier nur gelan-
det? Im nächsten Augenblick schließen sich die Pforten
für die restlichen Spermien, das Ei bildet nach außen hin
eine harte Schicht und der Spermienkörper stirbt und
gibt seinen genetischen Code in den Ei-Innenraum ab.
Fast zeitgleich gibt auch das Ei seine eigenen genetischen Codierungen dazu. (c) In diesem Moment vollzieht
sich die Vereinigung „und hier ist erstmals die Seele präsent und beteiligt sich am Prozess des Auswählens des
genetischen Materials, das sie für ihre Inkarnation brauchen wird".[14] (d) Die Verankerung der Seele geschieht in
der ersten Zelle, die sich aus der Vereinigung bildet. Bei
der ersten Zellteilung ist die Seele schon in beiden Zellen
verankert und so verankert sie sich weiter mit jeder folgenden Zellteilung.

Die Inkarnation der Seele ist ab dem Augenblick der Zeugung ein ständiger und fortdauernder Prozess. Das Ei beginnt sich völlig zu verändern und zu vergrößern, und zwar mit rasanter Geschwindigkeit. Neues Leben entwickelt sich. Der Zeugungsmoment ist sehr komplex: Die lange Geschichte der Ahnen der Eizelle, also der Mutterlinie, und die ganze Geschichte der Ahnenlinie des Vaters, mit der eigenen Seele und ihren mitgebrachten Erfahrungen, treffen hier zusammen. All dies kann unmöglich in Bruchstücken von Sekunden bewusst erlebt werden.

Die Zeugung ist wie ein Sonnenaufgang am Horizont über eine Spannweite von 360 Grad. Man kann sie nicht mit einem Blick und nicht in einem Augenblick erfassen. Aus meinen eigenen Rückführungen[15] weiß ich, wie tief mich das Zusammentreffen von Eizelle, Sperma und meiner Seele bewegt hat. Diese anfängliche Dreiheit erinnerte mich an die Heilige Drei-Einigkeit und an die Vater-Mutter-Gottheiten. Auch dass meine Seele schon ihre ganz eigene Farbe hatte und bereits Eigenschaften und Eigenheiten mitbrachte, war mir bis dahin unbekannt, auch dass sie bereits eine sehr scharfe Beobachtungsgabe und eine unfehlbare Intuition und Entscheidungsgabe besaß. Wie ein dünner Wolkenstreifen am Himmel war es mir erst nur erahnbar, dann auch erspürbar und später dann ganz klar, dass die Seele eine ständige Verbindung zu etwas unermesslich Großem, schwer Fassbarem, noch schwerer Ausdrückbarem und unmöglich Darstellbarem besitzt.

Erst als ich wieder in der Gegenwart auftauchte, wurde mir klar, dass in diesem Moment noch keine sozialen Konditionierungen existieren. Dort gibt es kein Du, kein Ich und vor allem keine Materie und damit war auch kein Bewusstsein von „in der Materie verankert sein". Es gibt eine tiefe Erfahrung, die weit zurückreicht und die nicht von dieser Welt ist. Obwohl ich mir im Moment meiner Zeugung der Umgebung, meiner Eltern, deren Beziehungsqualitäten und der sozialen Struktur, in die ich mich hineinbegab, bewusst war, waren das nur Gegebenheiten, die nicht das Eigentliche ausmachten. Sie waren nur die „Fahrzeuge", mit denen ich mich im Leben bewegte, und in den meisten Fällen waren es Fähigkeiten, die ich erwerben wollte oder sollte.

Die Beziehung meiner Eltern war damals eine sogenannte Wochenendbeziehung – und damit haargenau die gleiche Situation, in der ich Jahrzehnte danach meinen späteren Ehemann kennenlernen sollte.

Anhand der folgenden Tabelle lässt sich ungefähr errechnen, an welchem Tag die eigene Zeugung stattfand. So können über die Gegebenheiten, in die man hineingezeugt wurde, viele Informationen erfragt und Parallelen zum eigenen Leben entdeckt werden: Was hat die Eltern zu diesem Zeitpunkt beschäftigt? Welche Interessen verfolgten sie und welche Wünsche hegte die Mutter? Welche Visionen trug der Vater in sich? Wie war ihre Beziehung zueinander?

Zeitungsartikel aus dem Archiv können zudem Aufschluss über den damaligen Zeitgeist geben.

GEN	OTT	FEB	NOV	MAR	DIC	APR	GEN	MAG	FEB	GIU	MAR	LUG	APR	AGO	MAG	SET	GIU	OTT	LUG	NOV	AGO	DIC	SET
1	8	1	8	1	6	1	6	1	5	1	8	1	7	1	8	1	8	1	8	1	8	1	7
2	9	2	9	2	7	2	7	2	6	2	9	2	8	2	9	2	9	2	9	2	9	2	8
3	10	3	10	3	8	3	8	3	7	3	10	3	9	3	10	3	10	3	10	3	10	3	9
4	11	4	11	4	9	4	9	4	8	4	11	4	10	4	11	4	11	4	11	4	11	4	10
5	12	5	12	5	10	5	10	5	9	5	12	5	11	5	12	5	12	5	12	5	12	5	11
6	13	6	13	6	11	6	11	6	10	6	13	6	12	6	13	6	13	6	13	6	13	6	12
7	14	7	14	7	12	7	12	7	11	7	14	7	13	7	14	7	14	7	14	7	14	7	13
8	15	8	15	8	13	8	13	8	12	8	15	8	14	8	15	8	15	8	15	8	15	8	14
9	16	9	16	9	14	9	14	9	13	9	16	9	15	9	16	9	16	9	16	9	16	9	15
10	17	10	17	10	15	10	15	10	14	10	17	10	16	10	17	10	17	10	17	10	17	10	16
11	18	11	18	11	16	11	16	11	15	11	18	11	17	11	18	11	18	11	18	11	18	11	17
12	19	12	19	12	17	12	17	12	16	12	19	12	18	12	19	12	19	12	19	12	19	12	18
13	20	13	20	13	18	13	18	13	17	13	20	13	19	13	20	13	20	13	20	13	20	13	19
14	21	14	21	14	19	14	19	14	18	14	21	14	20	14	21	14	21	14	21	14	21	14	20
15	22	15	22	15	20	15	20	15	19	15	22	15	21	15	22	15	22	15	22	15	22	15	21
16	23	16	23	16	21	16	21	16	20	16	23	16	22	16	23	16	23	16	23	16	23	16	22
17	24	17	24	17	22	17	22	17	21	17	24	17	23	17	24	17	24	17	24	17	24	17	23
18	25	18	25	18	23	18	23	18	22	18	25	18	24	18	25	18	25	18	25	18	25	18	24
19	26	19	26	19	24	19	24	19	23	19	26	19	25	19	26	19	26	19	26	19	26	19	25
20	27	20	27	20	25	20	25	20	24	20	27	20	26	20	27	20	27	20	27	20	27	20	26
21	28	21	28	21	26	21	26	21	25	21	28	21	27	21	28	21	28	21	28	21	28	21	27
22	29	22	29	22	27	22	27	22	26	22	29	22	28	22	29	22	29	22	29	22	29	22	28
23	30	23	30	23	28	23	28	23	27	23	30	23	29	23	30	23	30	23	30	23	30	23	29
24	31	24	DIC 1	24	29	24	29	24	28	24	31	24	30	24	31	24	LUG 1	24	31	24	31	24	30
25	NOV 1	25	2	25	30	25	30	25	MAR 1	25	APR 1	25	MAG 1	25	GIU 1	25	2	25	AGO 1	25	SET 1	25	OTT 1
26	2	26	3	26	31	26	31	26	2	26	2	26	2	26	2	26	3	26	2	26	2	26	2
27	3	27	4	27	GEN 1	27	FEB 1	27	3	27	3	27	3	27	3	27	4	27	3	27	3	27	3
28	4	28	5	28	2	28	2	28	4	28	4	28	4	28	4	28	5	28	4	28	4	28	4
29	5	29	6	29	3	29	3	29	5	29	5	29	5	29	5	29	6	29	5	29	5	29	5
30	6			30	4	30	4	30	6	30	6	30	6	30	6	30	7	30	6	30	6	30	6
31	7			31	5			31	7			31	7	31	7			31	7			31	7

Tabelle zur Berechnung des Tages der Empfängnis

Viele Einzelheiten, die den magischen Augenblick der Empfängnis kennzeichnen, prägen sich in das neue Leben ein. Alle Wünsche, Visionen, Hoffnungen und Gefühle der Eltern werden auf das neue Leben übertragen. Alles, was diese beiden Menschen ausmacht, ist in diesem Augenblick in konzentrierter Form präsent. Ein Moment, der dem Urknall sehr ähnlich ist. Wie unglaublich schnell der ganze Prozess in meiner Einzelsitzung ablief, ist erstaunlich. Es erschien mir, als wäre alles innerhalb einer Minute passiert. In Wirklichkeit dauerte die Reise in die Vergangenheit über zwei Stunden; Zeit und Raum gewannen eine völlig neue Qualität. Als Eizelle war ich riesengroß und in meiner Wahrnehmung nahm ich einen Raum von mindestens drei Metern Durchmesser ein.

Die Fülle der Informationen kann so überwältigend sein, dass es zu einem Schockzustand kommen kann, der schrittweise mit einem erfahrenen Therapeuten aufgearbeitet werden sollte. Themen der Sinnsuche und der persönlichen Berufung, der eigenen Fähigkeiten, aber auch Erlebnisse von Einheit, Wahrheit und Meditation finden in diesem Moment alle ihren Platz.

Der Moment des Liebesspiels von Mann und Frau enthält ähnliche Informationen und die gleiche rituelle Thematik. Der Orgasmus kann die gleichen Qualitäten widerspiegeln, nur in einer vielfachen Potenz – je nachdem, wie bewusst wir uns sind und wie sehr wir es uns erlauben, uns dem Partner und dem Universum gegenüber zu öffnen. Der persönliche „Urknall" ist theoretisch jederzeit erfahrbar.

Frauensachen

Ich erinnere mich in meiner Regression zur Eizelle, dass ich mir als Seele – lange Zeit vor der Vereinigung – bereits bewusst war, dass ich als Frau geboren werden würde. Welches Ei es sein sollte, stand nicht fest, da bis dahin alle Eizellen die gleichen Erfahrungen hinter sich hatten, sodass es unter ihnen keine großen Unterschiede gab. In diesem Zustand, vor der eigentlichen Inkarnation, war es mir auf einer seelischen Ebene schon bewusst, dass ich als Frau hier auf Erden wirken würde. Und da gab es für mich nichts zu entscheiden oder herauszufinden, sondern es war klar, dass es einfach so sein würde. Nach der Regression kamen mir allerdings Zweifel darüber, was wir entscheiden und wo wir es entscheiden. Und was ist dieses „Wir", was dieses „Ich"?

Mir schien es, als brächte ich gewisse Merkmale bereits mit mir mit und als suchte ich nur nach der richtigen Umgebung. Damit gab ich mich einstweilen zufrieden.

Für das Körperwissen der Frau ist es interessant zu wissen, dass die Eizelle im Moment der Zeugung durchschnittlich schon 40 bis 50 Jahre alt ist. Da das Spermium in den Hoden jedoch durchschnittlich höchstens bis zu einem Monat alt wird [16], könnte dies die Erklärung für die Unterschiedlichkeit der lebenserhaltenden Instinkte und die unterschiedliche Körperwahrnehmung von Mann und Frau sein.

Die Reise der Eizelle beginnt lange Zeit vor der Zeugung, und zwar im Eierstock der Mutter, der sich entwickelte, als die Mutter wiederum ein Fötus im Bauch ihrer Mutter war. So kann jede ihre ganz persönliche Geschichte wie in den alten Märchen beginnen lassen: „Es war einmal vor vielen, vielen Jahren …" Meine eigene Oma spannte damals noch die Pferde vor die Kutsche, holte Kräuter aus dem Wald und kochte die Sonntagssuppe für das ganze Dorf. Den damaligen Lebensumständen kann man anhand von Filmen und Erzählungen nachspüren. Für mich war es auch interessant zu erfahren, welche geschlechtsspezifischen Überzeugungen sich vor allem in Omas Gedankenwelt bereits zu dieser Zeit festgefahren hatten. Sätze wie „Frauen haben das Zepter in der Hand, aber sie dürfen es niemals offen zeigen", „Männer sind unberechenbar und gewalttätig", „Frauen sind häufig schwach oder krank" und ähnliche Überzeugungen, die alle aus dieser Zeit stammen, haben sich als Informationen in der Eizelle festgesetzt.

Nymphen, badende Frauen...

Jede Eizelle lebt mit zirka zwei Millionen anderen Eizellen zusammen im Eierstock. Sie schwingen in einer Flüssigkeit, die dem Meerwasser ähnelt, und sind in ihrer Natur sehr durchlässig, ja man könnte sagen empathisch: Was im Eierstock oder anderswo in diesem Körper passiert, schwingt in ihnen mit. Sie sind in ständiger Resonanz mit allem, was sie umgibt. Eine ähnliche Situation kann man noch in tantrischen Frauengruppen, im Hamam oder in indischen Tempeln erleben, wo in ein und demselben Raum massiert, Karten gelesen, von sich berichtet, Geschichten erzählt und manchmal auch gestrickt, gehäkelt oder sogar gekocht wird. Eine weibliche Oase, eine Konstellation ohne Krampf, harmonisch, genüsslich, weiblich.

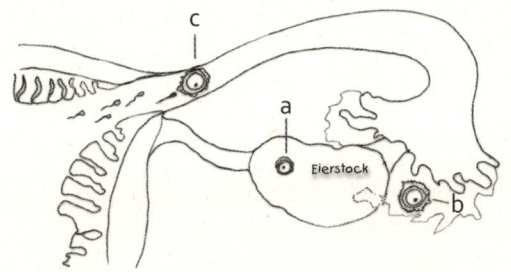

Der Weg der Eizelle

Dieser entspannte Zustand hält bis zur Ovulation an. Jeden Monat werden eine der Eizellen und ihre sie umgebenden Schwestern unruhig, und es beginnt ein Tumult, der den alten Opferritualen ähnelt, zum Beispiel einem Drachen, dem monatlich eine Jungfrau geopfert werden muss, oder eine Jungfrau, die dargebracht wird, um sich mit dem jungen Gott zu vereinigen und so die Zeugungsfähigkeit des Volkes zu sichern.[17] Zur Zeit der

Ovulation löst sich ein Ei (**a**) aus der idyllischen Einheit ihrer Schwesterzellen und begibt sich an den Rand des Eierstocks, um von dort aus rausgeschleudert zu werden (**b**) und sich für eine kurze, aber sehr eindrückliche Zeit im Flug zwischen Eierstock und Eileiter zu befinden. Schließlich landet es im oberen Teil des Eileiters und wird von dort sanft weitergeleitet (**c**). Am Ende des Eileiters angekommen, trifft es meist schon mit dem auserwählten Spermium zusammen. Diese Reise kann bis zu zehn Tage dauern. Es ist die weibliche Reise, wie sie jede Frau antritt, um zur Vereinigung mit dem Mann zu finden, und sie hat bereits eine ganz persönliche Färbung, die sich im Leben der Frau widerspiegelt und sich später in unendlichen Variationen wiederholt.

Viele Erfahrungen der Eizelle sind auch uns Frauen bekannt:

- sich in der Gesellschaft von Frauen wie im Schlaraffenland zu fühlen
- aus der Gemeinschaft der Schwestern (im Eierstock) herausgerissen zu werden und allein seinen Weg zu finden
- sich aus der Gemeinschaft der Gleichgesinnten davonzuschleichen, entführt zu werden oder sanft zu entschwinden
- das Fliegen, Sichfallenlassen oder Springen
- auf ewig Königin sein zu wollen und allein zu herrschen
- sich erregt auf den Mann zu freuen

- die Mehrheit der Spermien (Männer) abblitzen
  zu lassen
- den einen „Einzigen" auszuwählen

Alles das sind Themen, die uns Frauen immer wieder berühren, weil sie in unserer eigenen Geschichte verankert sind.

Auch in Liebesfilmen können wir durch das, was uns besonders berührt, in groben Umrissen erkennen, welche Geschichte unser eigenes Ei zurückgelegt hatte. Die Anziehung basiert auf dem, was in uns angesprochen wird und mit der eigenen Zell-Erfahrung in Resonanz steht. Die Erfahrungen des weiblichen Lebensanfangs als Eizelle sind so vielfältig, wie es Individuen gibt. Sie hängen bei jeder Regression von der Auffassungsgabe der Person ab und davon, in welcher Situationen sich diese gerade befindet. Alle Erfahrungen, wie verschiedenartig sie auch sein mögen, enden mit der Vereinigung der Eizelle mit dem Spermium.

Das alles lässt uns erahnen, dass uns das Frau-Sein mit urwüchsigen und stark im Körper verankerten Erfahrungen in Berührung bringt, die – ob wir sie wollen oder nicht – uns bewegen, uns anziehen und von uns fordern, uns in Richtung Evolution, Entwicklung und Vereinigung zu bewegen und in einer Weise zu agieren, die am besten mit „urweiblich" beschrieben werden kann. Die Tatsache, dass all dies in einem weiblichen Körper geschieht, erhellt viele der Gefühle, Empfindungen und Ahnungen, die jede

Frau und Mutter in sich trägt. Nun wird klar, dass die starke Verbindung, die jede Frau zu ihren ganz eigenen innewohnenden Rhythmen und Erfahrungen hat, die sie durch ihren monatlichen Zyklus in sich spürt, mit gewaltigen Urzell-Erfahrungen zusammenhängt. Eingriffe in dieses Geschehen, in welcher Form auch immer, werden die tiefer liegenden Impulse nie zum Verschwinden, sondern höchstens zum Rebellieren bringen. Die Reise des Menschen zurück bis zu seiner Geburt könnte man so zusammenfassen:

Der Anfang der Ei-Reise ist recht abenteuerlich, macht in der Bewusstheit aber weniger Angst, weil er sehr weit zurückliegt. Er ist schwierig zu erfahren, weil er kollektive Stimmungen weckt. Für die wenigen, die sich erinnern, ähnelt diese Erfahrung einem Traum, und mit dem brüsken Erwachen, wie bei der Geburt, wird endgültig der Beginn zum Leben gesetzt. Dieser Anfang ist nicht immer leicht. Wir sind ganz und gar der Mutter ausgeliefert, und das kann eine sowohl furchterregende als auch eine erlösende Tatsache sein.

Wie geht es weiter?

So, wie das Leben einer Person beginnt, wird sie später durch ihr Leben gehen. Die Erfahrungen gehen alle auf dasselbe Muster zurück. Die ersten drei Lebensjahre sind vom Erfahren, Erleben und Verfeinern der Sinne gekennzeichnet. Die Auffassungsgabe und die Koordinationsfähigkeit sind bei gesunden Babys schon erstaunlich gut ausgebildet. So unterscheiden sie mit vier Monaten bereits die Gesichtszüge der Mutter und assoziieren sie mit Befindlichkeitszuständen. Das Kind hätte gerne ständigen Kontakt mit der Mutter, auch wenn sie ihm diesen nicht immer gewährt. Bereits mit zwei Monaten weiß das Baby genau, wie lange es der Mutter ganz nah sein darf, bis diese den Kontakt abbricht. In diesen ersten Monaten ist eine Differenzierung der Geschlechter erkennbar und das weibliche Baby beginnt, sich mit der Mutter zu identifizieren:

„Abgesehen von der stärkeren Kontaktbereitschaft sind weibliche Babys folgsamer und früher sauber und entwickeln sich in sozialer Hinsicht rascher als Jungen."[18]

Das Mädchen ist nicht anders als die Mutter, es ähnelt ihr, ist ihr gleich. In dieser Zeit ist die Identifikation bereits vorhanden und auch die Angst davor, die Liebe der Mutter zu verlieren.

In diesen frühen Monaten entstehen die ersten Beziehungsmuster und alle dazugehörigen Themen wie auch die von Nähe und Distanz. In meinen Workshops haben einige Frauen in Worte gefasst, wie sich dies als erwachsene Frau ausdrückt:

- Ich spüre mich oder dich, aber nie mich und dich.
- Ich fühle mich lebendig, wenn ich dich nicht ansehen muss.
- Ich fühle mich lebendig, wenn du mich nicht ansiehst.

- Ich erlaube mir nur wenig Intimität und nur für kurze Zeit, weil ich glaube, dass du sonst weggehst.
- Wenn ich intim bin, werde ich statisch oder steif, ich kann nicht intim und in Bewegung oder dynamisch sein.
- Ich kann nur mit mir allein körperlich intim sein.
- Andere Personen engen mich ein und nehmen mir Luft und Raum.

Man kann natürlich nicht die ganze Schuld an diesen Mustern den Müttern in die Schuhe schieben, denn sie selbst tragen alte Probleme mit sich und bekommen im Allgemeinen nur wenig Information und Unterstützung, was die psychologische Entwicklung ihrer Kinder anbelangt. Ein Defizit, das jedoch leicht behoben werden könnte:

„Das menschliche Grundbedürfnis, das langsam, aber sicher verloren geht, ist das Sich-Einschwingen aufeinander: körperlich, emotional, kognitiv, spirituell. Wir haben gesehen, dass Einschwingen ganz früh im Leben für die kindlichen Hirnreifungsprozesse entscheidend ist, und dass es die zentrale Qualität ist, die tiefgehende, intime partnerschaftliche Beziehungen ermöglicht."[19]

Eine gute Form der Unterstützung wäre eine adäquate psychologische Ausbildung in „Bonding und Spiegeln", zwei fundamental wichtige Eigenschaften für die Entwicklung des Säuglings. Es wäre kein großer Aufwand,

Kurse für werdende Mütter anzubieten und ihnen diese
Fähigkeiten zu lehren. Dadurch könnte jede Mutter viele
kleinere seelische Erschütterungen, inklusive leichtere
Geburtsschocks, spielerisch aufarbeiten. Überhaupt
könnte man werdenden Müttern anwendbare, körper-
orientierte psychologische Grundkenntnisse vermitteln,
weil sie – allein dadurch, dass sie die Erwachsenen von
morgen in ihren Armen halten, – die Welt von morgen
in ihren Armen halten! Schon deshalb verfügen sie über
viel mehr Macht, als es ihnen bewusst ist. Mütter sind
sich oft nicht bewusst, dass sie es sind, die die nächste
Generation formen und mit beeinflussen, wie die Zukunft
des Dorfes, des Landes und des Kontinents aussehen
wird.

Frauen haben ein Recht, bei ihren Kindern zu sein, nur
fordern sie es nicht ein. Und leider ist es vielen Müttern
recht angenehm, dass sie nicht bei den Kindern sein müssen, weil sie es selbst emotional einfach nicht aushalten.
Den Anforderungen, die ein Kind mit sich bringt, sind sie
oft nicht gewachsen, und für eine Ausbildung in „Mutterschaft" sehen sie keine Notwendigkeit, weil allgemein
immer noch die Überzeugung herrscht, „Mutter-Sein
hätte man in sich".

Leider lassen sich Frauen von ihren Gefühlen und Ins-
tinkten sehr rasch abbringen, wenn man ihnen logisch
erklärt, dass diese nicht wichtig, wenig rational und
völlig unlogisch seien. Die gesellschaftlichen Ansprüche sind derart gewachsen, dass ein nur instinkthaftes

Mutter-Sein heute nicht mehr ausreicht. Das bedeutet aber nicht, dass wir unsere Gefühle weg-rationalisieren müssen. Es braucht beides, Intuition und fundiertes Wissen, um eine Beziehung zwischen Mutter und Baby aufzubauen, damit diese Kinder, wenn sie erwachsen sind, ein stabiles Selbstbild entwickeln können, auf das sie in jeder Lebenslage zurückgreifen können. Nur so werden sie nicht vom Markt der Angebote überrollt, ausgebeutet oder manipuliert auf ihrer Suche nach Liebe und Selbstwert.

Für schwangere Frauen gibt es leider eine Menge Pseudo-Angebote, die mehr Hilfe versprechen, als sie wirklich geben. Viele strukturelle Probleme werden von Personen behandelt, die über keine sachgemäße Ausbildung in Beziehungstherapie verfügen, und die psychologischen Beratungsstellen haben meist wenig Ahnung von körperorientierter Psychologie. Keine Phase im Lebenszyklus braucht so dringend ein körperliches Einschwingen und hat ein so großes Bedürfnis nach Berührung wie die anfängliche Bondingzeit und die ersten Lebensmonate. Das Stillen mit der Brust ist eine Form von Bonding: engster Körperkontakt und das vollständige Dasein der Mutter für das Kind – ohne dass sie gerade den Einkaufszettel zusammenstellt, telefoniert, kocht, fernsieht oder sich mit anderen unterhält. Qualitativ hochwertige Beziehungszeit ist genau das, was der Gesellschaft heute fehlt. Man weiß das, doch es liegt an den zukünftigen Müttern, sich neue Wege einfallen zu lassen, die das Muttersein wieder aufwerten – denn dies ist einer der wichtigsten Berufe der Menschheit überhaupt.

1.2 Mutterliebe

Mutters Schoß ist die alchimistische Küche, in der das Leben dem, was zuvor war, die Hand reicht. Dadurch wird die Mutter zur Herrscherin, die über unser Leben und Sterben bestimmt. Im dunklen Raum der Empfängnis finden wir den seligen Einheitszustand, den friedlichen Schlummer. Die Mutter hält uns warm, sie hält uns sicher, sie hüllt uns ein. Hier erfahren wir unsere erste Liebe. Zukünftige Lieben, Ehen oder Scheidungen haben hier ihren Ursprung. Diese erste Beziehung zur Mutter legt die Grundlage für alle weiteren Partnerschaften. Obwohl unser Körper noch gar nicht fertig entwickelt und allein gar nicht lebensfähig ist, sind wir durchdrungen von ihrem Verhalten.

Für den heranwachsenden Fötus gibt es keinen Widerstand. Alles, was um ihn herum geschieht, wird akzeptiert und aufgenommen: Streit, Liebe, Ärger, Hass, Ruhe oder Lärm. Die Mutter ist seine Welt, was auch immer die Mutter denkt, wie sie sich im Beisein von Männern benimmt, ob sie ihren Partner liebt, alles nimmt das Kind wahr. Wen sie liebt und wen sie ablehnt, ist für das in ihr heranwachsende Leben entscheidend. Diese Macht, die von jeder Mutter ausgeht, will niemand

wirklich wahrhaben. Die Konsequenzen vergangener
Aktionen wären für viele unerträglich und die Verantwortung für die Zukunft erdrückend, denn man würde sich
nicht nur der Liebe bewusster werden, sondern vor allem
auch des überwältigenden Mangels an Liebe. Und dieser
Liebesmangel ist die Ursache für viele unserer späteren
Handlungen und Erwartungen:

„Liebe ist durch nichts wirklich zu ersetzen. Aber auf
der Flucht vor dem tiefen Schmerz des Liebesmangels
wird alles genommen, was man bekommen kann. Aber
nichts davon kann wirklich befriedigen. Die verbleibende
Unzufriedenheit kennt nur eine Antwort: weitere Bemühungen. So wird der Weg in die Sucht gebahnt. Das „Nie
genug haben" macht alles zur Droge. Ausreichend Liebe
aber würde immun machen gegen Süchte."[20]

Jedes Kind weiß insgeheim, dass es ohne die Mutter
nicht auf der Welt wäre. Daraus entsteht im heranwachsenden Kind eine unendliche Dankbarkeit. Die Liebe, die
Kinder für ihre Eltern empfinden, ist getränkt von dieser
anfänglichen Dankbarkeit für das Leben selbst. Liebe
und Dankbarkeit empfinden Kleinkinder auch für all
die Aufmerksamkeiten, die von Seiten der Mutter kommen. Nachdem wir in unseren ersten Monaten gelernt
haben, wie wir uns in intimer Beziehung benehmen sollen, erscheint das gleiche Muster immer wieder, sobald
Liebe und körperliche Nähe im Leben dieses Kindes auftauchen.

Viele Mütter wissen um diese totale Abhängigkeit ihrer Kinder und sie wissen um die Liebe, die Kinder brauchen. Dieses Wissen macht Angst. Auch die Erfahrung der Abhängigkeit, die wir aus dieser ersten Zeit kennen, erzeugt Furcht. Diese Ängstlichkeit kommt immer wieder hoch, wenn es um Nähe und Intimität oder bei der erwachsenen Frau um den eigenen Kinderwunsch geht. Alle diese Ängste behindern den Fluss der Liebe und der ungeteilten Aufmerksamkeit von beiden Seiten, der der Mutter und der des Kindes. Bei der Mutter kommen zu den eigenen infantilen Ängsten noch viele Sorgen und Zweifel hinzu. Die Zerrissenheit zwischen zu vielen Aufgaben, den ständigen Sorgen und Gedanken bedrängen und hemmen die Frau und ihren natürlichen Liebesfluss:

„Schaff ich es, alles unter einen Hut zu bekommen?"

„Wie schaffe ich nur alle Arbeit …"

„Die Beziehung zu meinem Mann kommt zu kurz."

„Meine eigenen Wünsche und Bedürfnisse darf ich nicht hintenanstellen …"

„Der Haushalt ruft!"

Diesem Konflikt zwischen dem, was die Mutter gerne täte, und der Tatsache, dass die eigenen Kräfte und Fähigkeiten meistens nicht ausreichen, allen Ansprüchen an sich selbst gerecht zu werden, kann man nicht entkommen. Zunächst müssen diese Ansprüche daher beleuchtet und auf ein erfüllbares Maß heruntergeschraubt werden. Hinzu kommt, dass die Mütter heute gefangen sind zwischen dem alten Rollenmodell der eigenen Mutter, das sie in vielen Fällen nicht zufrieden stellt, und einem neuen Muttermodell, das noch nicht existiert und erst noch zu entwerfen ist.

Es gibt selten ein wirklich zufriedenstellendes Muttersein. Allein auf die Frage „Was ist eine gute Mutter und wie kann ich eine gute Mutter sein?" findet sich nur schwer eine befriedigende Antwort. Die wesentliche Gabe jeder Mutter, jeder „guten Mutter", ist die Liebe. Mütter sind nun aber nicht immer „gute Mütter" und wie alle anderen Menschen auch brauchen sie genauso Liebe und Unterstützung. All die Eigenschaften des Hegens und Umsorgens von Körper, Emotionen, Verstand und Geist sind für die Mutter selbst genauso wichtig wie für das Kind. Einige suchen diese Hilfe im Wissen und im besseren Selbstverständnis, in der idealen Beziehung oder im richtigen Partner. Andere kompensieren die eigenen Bedürfnisse mit Aktivität und Arbeit. Die Leere, die dabei aus der Nichtbeachtung der eigenen emotionalen Pflege entstehen kann, kann mit vielen Worten und Diskussionen kurzfristig ausgefüllt werden, jedoch nicht nachhaltig. Die Jagd nach der Liebe nimmt viele Formen an, manchmal auch bizarre.

Was wir in unserer Kindheit nicht körperlich erfahren haben, das können wir nicht körperlich weitergeben. So, wie wir nicht lehren können, was wir nicht gelernt haben. Aber die fehlenden Erfahrungen und Eigenschaften können wir erlernen und mit Geduld in unser Leben integrieren. So kann Vertrauen, Liebe, Fürsorge, Sanftheit oder Wohlwollen gegenüber sich selbst erlernt werden, auch wenn es in der Kindheit keinen Platz dafür gegeben hat. Jede Frau und Mutter kann die Eigenschaften, die ihr in der Kindheit gefehlt haben, im Erwachsenenalter integrieren und an ihr Kind weitergeben.

Möglichkeiten gibt es viele. Zwei Varianten, die oft zu beobachten sind:

- Die erste Variante folgt dem Prinzip „Zuerst ich und dann die anderen".
  Die Frau, die für sich die fehlenden Werte (Streicheleinheiten, Wärme, Liebe) integriert, um sie dann dem Kind weiterzugeben. Sie lernt durch Beziehungen, Liebe zu leben und/oder durch Wissen, sich selbst besser zu verstehen.

- Die zweite Variante heißt: „Zuerst die anderen – ich lerne, indem ich für andere da bin."
  Gewissermaßen ein doppelt intensiver Mutter-Crashkurs. Beispiele dafür sind sehr junge Mütter, die neben der Pflege des Kindes gleichzeitig auch die Beziehung zum eigenen inneren Kind heilen.

Wie auch immer die persönliche Variante aussehen mag: Beziehungen zu anderen Frauen sind notwendig, um sich die fehlende Selbstliebe anzueignen. Andere Frauen sind dafür wichtig, denn sie unterstützen und stärken durch ihre Anwesenheit die fraulichen Qualitäten. Frauentreffen sind wunderbare Helfer, um die Qualität der Liebe wieder zum Fließen zu bringen und die weiblichen Seiten erklingen zu lassen, aber auch, um Vorhandenes zu unterstreichen oder einfach das Rückgrat für den Alltag zu stärken. Warum nicht einfach einen Frauentreff gründen, wenn es noch keinen in der Nähe gibt? Dabei ist es nicht wichtig, ob Massagen, Kuchenrezepte oder Babygespräche ausgetauscht werden, sondern dass überhaupt ein Austausch zustande kommt. So kommen das Nehmen und das Geben wieder in Fluss – und damit auch die Liebe. Vor allem die Liebe zu den fraulichen Eigenschaften, die sofort spürbar sind, wenn mehrere Frauen sich zusammentun: Es geschieht einfach dadurch, dass sie Frauen sind.

Wenn die Liebe wieder fließen kann, wirkt sie deutlich verwandelnd. Alltägliche Handlungen können einen tieferen Sinn ergeben und plötzliche Eingebungen erhellen die Tage und bringen Freude. Liebe ist eine stark transformierende Kraft. Sie räumt alle Hindernisse aus dem Weg. Und umgekehrt: Wenn sie nicht fließt, werden von allen Seiten Steine, Knüppel und andere Hindernisse in den Weg gelegt. Dann sind es nicht mehr wir, die den Alltag beherrschen, sondern der Alltag beginnt, uns zu beherrschen. So gesehen haben die kleinen Alltäglichkeiten eine riesige Bedeutung für uns. Dank der Liebe jedoch ist es möglich, auch schwierige Situationen zu meistern und ihren Sinn anzuerkennen, denn schwere Momente oder Perioden gibt es genug im Leben einer jeden Mutter.

Ein großes Geschenk der Mütter für diese Welt ist die Liebe, die sie in diese Welt bringen. Liebe schafft sichtbare Verbindlichkeit, die an antike Ritualhandlungen erinnert. Liebe bewirkt Verbindung und Tiefe. Wer hat mehr Macht über die Zukunft als die Mutter? Durch die Unterstützung der Mütter könnte sich ein Wertewandel vollziehen, der die Welt verändert. So ist mir noch ein Satz im Gedächtnis, dessen Autor mir leider entfallen ist: „Unsere politische Machtstruktur ist eine ökonomische, und wir können die politischen Richtungen nur durch unseren Konsum steuern und ändern."

Die Mutter gewinnt durch ihre Anwesenheit im Haus mehr politische Macht als sie selbst und ihre Umgebung wahrhaben wollen. So liegt die Revolution unserer Zeit nicht in Machtkämpfen und Wettbewerb um das Mehr und Schneller und Besser und Bequemer, sondern im Wandel der Ideale und damit auch im wachsenden Wert der Liebe, weil sie Sinn für eine Zukunft verspricht, die die Natur der Dinge respektiert.

Ich liebe dich

Ob die Mutter diese Worte ausspricht oder nicht, dem Kind ist es einerlei. Für das Kleinkind ist wichtig, dass die Mutter das „Ich liebe dich" im Körper spürt, dass es sich in die Arme der Mutter schmiegen kann und dass dieses warme, wohlige, weiche, tolle Gefühl so lange wie möglich anhält. Wärme, Offenheit, Verbindung, angenehme Freude, Lust und Spiel werden mit dieser wunderbaren Empfindung verbunden. Das spätere „Ich liebe dich" wird oft erst ausgesprochen, wenn der Fluss der Liebe schon unterbrochen ist.

Der Satz „Ich liebe dich" ist ein komplexer Mix und er besteht aus vielen verschiedenen Botschaften gleichzeitig. Diese Worte sind die tragende Kraft von dauerhaften, friedlichen und erfüllenden Beziehungen. Oft fehlt jedoch genau das in den Beziehungen: die Dauerhaftigkeit, die Herzensruhe oder das Wohlgefühl. Mit dem Herzen durch die Welt zu gehen, mit dem Herzen zu sehen, und mit dem Herzen zu hören ist für viele Leute ein Luxus geworden, den man sich nur am Wochenende oder in ganz besonderen Situationen gönnt. Aber es scheint kein ständiger oder alltäglicher Zustand mehr zu sein. Dieses Hören, Sehen und Fühlen wäre die natürliche Verfassung einer Mutter, hätte sie die Zeit und die Muße dazu. Das Sehen, Fühlen und Hören mit dem Herzen wäre auch die Realität des Kleinkindes, würde es nur in seinem Zustand gesehen und gespiegelt werden.

„Ich liebe dich" heißt, dass die Mutter das Baby hält, es liebkost, es mit liebevollem Blick betrachtet und jeden Laut, den das Baby von sich gibt, registriert. Alles, was das Baby tut, wird von ihr wahrgenommen. Und alles, was das Baby braucht, wird bereitgestellt oder besorgt. Die Mutter weiß genau, ob es reicht, dass sie einfach liebevoll da ist, oder ob das Kind Hunger hat, gewickelt oder geschaukelt werden will. Entscheidend ist dabei die Fähigkeit der Mutter, sich empathisch auf das Kind einzustellen. So wie Mütter die Fähigkeit der Empathie besitzen, tun es im selben Maße auch ihre Kinder. Babys wissen instinktiv, wie sie sich auf die andere Person einschwingen müssen, ohne sich selbst zu verlieren. Damit sind sie ständig offen für das, was um sie herum passiert. Das macht sie auch verletzlich. Empathie heißt sich einschwingen, und Babys erfahren dadurch ununterbrochen, was Mama sagt, denkt, tut, handelt, fühlt. Alle Sinne sind ständig damit beschäftigt, die vielfältigen Informationen aufzunehmen und miteinander zu kombinieren:

„Das menschliche Grundbedürfnis, das dieser Ebene entspricht, besteht im Einschwingen aufeinander, körperlich, emotional, kognitiv, spirituell. Wir haben gesehen, dass Einschwingen ganz früh im Leben für die kindlichen Hirnreifungsprozesse entscheidend ist, und dass es die zentrale Qualität ist, die tiefgehende, intime partnerschaftliche Beziehungen ermöglicht."[21]

So ist Empathie eine der besten Lernhilfen für Mutter und Kind und wächst, wie in jeder Beziehung, mit der Übung. Aber der Cocktail Liebe besteht nicht nur aus Empathie, sondern das Glück des Kindes hängt noch von anderen Beimischungen ab:

- Dem wohlwollenden und entspannten Blickkontakt, der ohne Worte ausdrückt: „Ich sehe dich."

- Den Händen, die das Kind entspannt halten und ausdrücken: „Ich spüre dich."
- „Du kannst meinen Armen vertrauen, dass sie dich sicher halten."
- „Jeder Moment mit dir ist neu und einmalig."
- „Ich höre dich."
- „Ich respektiere dich als eigenständiges Wesen."

Es ist nicht einfach, in dieser Liebe zu verweilen. Das zeigt die nächste Übung, die jede Leserin sogleich ausprobieren kann:

Nimm eine angenehme Körperhaltung ein, die du für die nächsten fünf Minuten beibehalten kannst. Du kannst dir einen Wecker stellen, der nach fünf Minuten klingelt. Konzentriere dich auf deinen Atem. Spüre, wie die Luft sich in deinen Lungen sammelt und wieder abgegeben wird. Nimm neben der Atmung auch deinen Brustraum wahr: Welche Empfindungen kannst du hier feststellen? Kannst du in deinem Brustkorb diese Liebe spüren? Falls nicht, verbleibe bei den Empfindungen, die du im Brustraum wahrnehmen kannst. Bleibe mit deiner Aufmerksamkeit beständig bei der Atmung und den Empfindungen.

Danach nimm eine neue, für dich angenehme Körperhaltung ein, die du für weitere fünf Minuten beibehalten kannst. Beobachte wiederum den Atem, wie er ein- und ausfließt. Stell dir nun vor deinem inneren Auge eine Person vor, die dich liebt: Es kann eine reale oder eine imaginäre Person sein. Nun stell dir vor, wie die Liebe von dieser Person zu dir fließt und deinen Brustraum ausdehnt und dein Herz beglückt. Verweile mit der Aufmerksamkeit in deinem Brustraum mit dieser Vorstellung, dem Atem und den Empfindungen.

Sobald der Wecker läutet, kannst du ihn abstellen und deine Aufmerksamkeit wieder nach innen richten und über folgende Fragen reflektieren: Was passierte in mir in den ersten und was in den zweiten fünf Minuten? Was geschah in meinem Herzraum, was in meinen Gedanken? Welchen Unterschied konnte ich feststellen?

Vielleicht war es schwierig, die Achtsamkeit zu behalten, vielleicht war es leicht, die Liebe kommen zu lassen oder umgekehrt. Vielleicht war gar kein Interesse da, es auszuprobieren. Warum? Wenn du es versucht hast: Wie lange konntest du die Aufmerksamkeit dort halten? Wann kamen die ersten Gedanken? Welche Art von Gedanken waren es? Gibt es Zweifel über das, was Liebe ist oder fixe Gedankenmuster, wie Liebe sich anfühlen sollte? Wie soll Liebe sein?

Wenn du dich in den ersten fünf Minuten wenig gespürt hast und mehr Gedanken als Empfindungen bemerkt hast, dann bedeutet das, dass du nur wenig Liebe für dich selber empfinden kannst. Wenn du zu den wenigen (ungefähr 5 %) Personen gehörst, die in den ersten Minuten unabhängig von der Umgebung konstant ihre Liebe spüren können, dann kannst du dich einfach über dich selbst freuen. Je mehr du in den zweiten fünf Minuten an Empfindungen und Gefühlen hattest, und je größer der Unterschied zu den ersten Minuten war, desto mehr bist du von der Liebe anderer abhängig.

Mit dieser kleinen Übung kannst du herausfinden, wie es im Moment um deine Liebe steht. Und sie hält viele Möglichkeiten des Erlebens des eigenen Herzraums bereit, obwohl dieser in seiner ursprünglichen Wahrnehmung immer die Liebe beherbergt, die immer die gleiche ist.

Diese Übung fand in Ruhe und ohne große Stimulierung von außen statt. Wenn du dir jetzt vorstellen kannst, dass die Mutter das Kind schaukelt und mit lieblichen Worten zu ihm spricht, mit ihm in Augenkontakt ist und dadurch mit ihm flirtet und es auch noch streichelt, dann sind die Stimulierungen, die auf das Kind zukommen, unbeschreiblich viele und völlig überwältigend. Schlicht und einfach ausgedrückt „eine Wucht", was da alles auf das Baby zukommt. Wenn du dich einen Moment lang mit diesem Baby identifizieren kannst, wirst du merken, wie diese Erfahrung das Bild von Geliebt-Sein prägt und wie stark die Aufmerksamkeit von Seiten der Mutter ist. Unsere ersten Erfahrungen von Liebe sind mit starken Stimulierungen verbunden. Das gilt für das Baby, aber nicht für die erwachsene Frau und ihre Liebe. Und doch versuchen viele Erwachsene noch immer, Liebe dort zu finden, wo heftige Stimuli sind, und sie denken, wo diese nicht sind, sei auch keine Liebe. Liebe allerdings kann jederzeit möglich sein, unabhängig von den Stimulierungen durch das Außen.

Mütter leiden unter den hohen Ansprüchen an sich und ihre Liebe. Sie haben ständig liebevoll und aufmerksam zu sein, und das löst einen unangenehmen Stress aus, der auf der Mutter-Kind-Beziehung lastet. Mütter sind, auch ohne diese Ansprüche, Tag und Nacht gefordert. Die meisten Mütter sind damit völlig überfordert. Jeder würde es verstehen, aber sie selbst können es sich meist nicht einmal eingestehen. Wenn Mütter gestresst und genervt sind, sind sie meist schon längst über ihr eigenes Liebeslimit hinausgegangen. Da hilft es nur, sich genügend Zeit für sich selbst zu nehmen: Einen genüsslichen Blick auf den Sonnenuntergang werfen, sich den Lieblingstee zubereiten, einen Spaziergang im Wald machen, ein Gespräch mit einer guten Freundin führen, ein schönes Buch lesen, eine Stunde mit Yoga oder Gymnastik verbringen – die Möglichkeiten sind vielfältig. Es geht darum, sich selber etwas Gutes zu tun. Die Liebe wählt immer einfache Lösungen. Deshalb kann es etwas Kleines sein, das gar nicht zeitaufwändig oder kostspielig ist.

Um die Liebe besser gedeihen lassen zu können, brauchen Mütter Menschen, die sie unterstützen und im besten Falle sogar die Mutter-Kind-Beziehung spiegeln. Diese Funktion, die früher die Großmütter erfüllten, muss neu erdacht werden, denn viele Großmütter leben heute nicht mehr mit ihren Nachfahren zusammen. Natürlich kritisierten die Großmütter auch ihre Töchter, setzten ihre Meinungen durch und waren oft engstirnig, und doch gab es auch ein gewisses Maß an Spiegelung, da die Großmutter nicht so in die Mutter-Kind-Beziehung involviert ist wie die Mutter selbst, gleichzeitig aber aus eigener Erfahrung diese Form der Beziehung sehr gut kennt.

Die Großmutter fehlt heute und es braucht nun eine andere Frau, die die Mutter und ihr Kind sieht und wiedergibt, was sie hört und spürt. Diese dritte Person im Bunde kann eine gute Freundin sein; meist ist es eine Frau, die eine ähnliche Situation erlebt wie die Mutter selbst, oder manchmal auch der Babysitter. Es kann auch der Vater „leihweise" diese Rolle übernehmen, aber besser ist eine weniger involvierte Person, vielleicht auch eine Therapeutin. So könnte man zum Beispiel beim Besuch einer Freundin und deren drei Monate alten Baby sagen: „Ja, ich sehe wie du dich über dein Baby freust. Du brauchst dir keine Sorgen zu machen, wenn es nicht gleich einschläft, du kannst ihm ein kleines Liedchen vorsingen oder etwas erzählen ... Ja, natürlich machst du es gut, du schaukelst es völlig richtig."

Dieses „Von-außen-gesehen-Werden" ist sehr wichtig und macht die Mutter-Kind-Beziehung erst rund. Es erfüllt, und durch die Worte der Großmutter – leiblicher oder geliehener – kann Liebe auf die Mutter und von der Mutter wieder auf das Kind ausstrahlen. Liebe wirkt sehr einfach. Gerade die Einfachheit der Liebe macht sie manchmal schwer zu fassen. Das erste „Ich liebe dich" kommt von der Mutter, und es ist eine wichtige Voraussetzung, um den inneren Frieden zu bewahren: mit sich selbst, in der Beziehung zum Kind und zum Partner.

Mutterliebe – Nahrung für die Zukunft

Ob unsere Mutter geduldig und gelassen ist, ob sie mild und einfühlsam ist oder ob sie Wärme und Zärtlichkeit verströmt, berührt uns nicht nur in der Kindheit, sondern gibt uns einen ersten Geschmack vom Frausein. Ist sie doch selber Frau! Mit der Milch aus ihren Brüsten überträgt sich ihre gesamte emotionale Verfassung und füllt unseren kleinen Bauch. Die Fürsorge, mit der sie uns großzieht, wird uns später im Leben genauso nähren wie schon als Baby. Besitzt sie Stärke und Sinnlichkeit, Klarheit und Entschlossenheit? Wie denkt sie über andere Frauen? Wie verhält sie sich ihrer Mutter gegenüber? All ihre Eigenschaften, Gefühle und Werte fließen in uns über. Gütig, verliebt, beschwichtigend ... die Eigenschaften könnten endlos fortgeführt werden. Es sind dieselben Eigenschaften, die als vergessene Ideale irgendwo in Märchen und Kinofilmen noch umherspuken. Es sind ähnliche Eigenschaften, die in der Sitzung beim Therapeuten gesucht werden. Und siehe da: Es sind Eigenschaften, die von den Weltreligionen gepachtet wurden als eben jene, die dir das Himmelreich und die Nähe zu Gott sichern. Ob es sich um das Mitgefühl der Buddhisten handelt, um die Nächstenliebe der Christen oder um die Schutz gewährende Fatima – es sind die mütterlichen Qualitäten, die Zufriedenheit und Frieden bringen.

Vor langer Zeit, im Matriarchat und in den antiken Mutterkulturen, wurde die Frau auf den Thron gesetzt, denn von ihr hingen Leben und Verderb ab. Wie es ihr erging, so erging es dem neuen Leben. Wie sie sich gerade fühlte, so gestaltete sich das Leben des Kindes und des gesamten Volkes. Sie war die Herrscherin. Und so ist es heute noch. Wenn auch in anderen Umständen und in anderen Verhältnissen, aber an der Tatsache des Ausmaßes der Prägung durch die Mutter hat sich in den Jahrtausenden nichts Wesentliches geändert.

Die Mutter bestimmt nicht nur die Kindheit, sondern alles, was aus der Kindheit entsteht. Die nährenden Aufgaben der Muttergöttinnen in der Frühgeschichte und im Altertum wie auch in den heutigen Religionen sind den Aufgaben, mit denen sich jede Mutter Tag und Nacht herumschlägt, noch immer sehr ähnlich.

Wirklich Mutter-Sein ist eine Berufung und eine wertvolle Aufgabe – nicht nur für den Frieden im eigenen Haus, sondern für den Frieden in der Welt. Die Bereicherung, die Mütter dieser Erde zukommen lassen, wirkt leider nicht unmittelbar, sondern wird erst nach Generationen sichtbar.

Durch die Anerkennung des Wertes der Mütter bekommt das Muttersein wieder seinen gebührenden Platz und die Frau dadurch eine besondere Rolle in der

Gesellschaft. Die Mutterschaft kann für die Frau auch ein rein fraulicher, spiritueller Weg werden, der zur Meisterschaft führen kann. Der Mutterweg ist der Weg der Hingabe und der Liebe. Als Frauen haben wir allerdings selten die Gelegenheit, diesen ungestört zu gehen oder zu erfüllen, denn die hohen Ideale, die uns die Weltreligionen als möglich vorgaukeln, sind für die Durchschnittsfrau nicht erreichbar. Vielen Frauen ist allerdings (Gott Mutter sei Dank!) inzwischen der Friede im eigenen Haus und der Umgebung und das Erhalten der Art wichtiger als das Erstreben unerreichbarer Ideale.

In jeder noch so kleinen Handlung, die aus Liebe entspringt, ist das Potenzial der großen guten Mutter bereits vorhanden, auch wenn es auf den ersten Blick nicht zu erkennen ist. Die Mutterliebe in all ihren wunderbaren Eigenschaften, in aller Macht und Herrlichkeit passt wie die „Faust aufs Auge" zum Leben in dieser hektischen Gesellschaft, in der jeder immer mehr will, ohne genau zu wissen, was eigentlich.

Für Mütter gibt es nur wenige Orte, die sich ganz auf ihre Bedürfnisse einstellen. Mütter haben durch sozial aufgedrängte Muster die schwierige Aufgabe, den Rhythmus des Kindes mit dem eigenen, dem der Familie und dem des weiteren Umfelds verbinden zu müssen. Das ist keine leichte Aufgabe. Die besonderen Fähigkeiten, die für diese täglichen Koordinierungs- und Balanceakte nötig sind, erfahren inzwischen zunehmend Anerkennung, und die Mütter haben dadurch wieder etwas mehr

Selbstwertgefühl gewonnen. Aber was ist mit der Intuition, der Empathie, mit all den nährenden, unterstützenden und kreativen Fähigkeiten? Wo bekommen diese ihre Anerkennung? Viele dieser wunderbaren Anlagen und Gaben versiegen einfach dadurch, dass sie keine Wertschätzung im Leben der Frau erfahren.

Symbiosen und Abhängigkeiten

Während sich in einer symbiotischen Beziehung beide verlieren, verliert sich in der Abhängigkeit nur derjenige, der abhängig ist. In unserem Fall verliert das Kind seinen Wesenskern und damit sich selbst. Bei der Symbiose verlieren sich beide, Mutter und Kind. In beiden Fällen ist keine Liebe möglich. Fälschlicherweise wird diese Abhängigkeit von beiden oft als Liebe angesehen.

In der Symbiose wie der Abhängigkeit fließt die Liebe der Mutter nicht ständig. Das Kind beginnt, auf die Momente zu warten, in denen ihm Liebe widerfährt. Nachdem es erfahren hat, dass es Liebe gibt, wird es erstens darauf warten, wann sie wieder kommt, und dabei die Hoffnung nicht aufgeben, und zweitens wird es sich nicht mehr mit weniger Aufmerksamkeit zufrieden geben. Das Gleichgewicht in der Beziehung ist gestört: Auf der einen Seite das Kind, welches darauf wartet, dass es Liebe durch Aufmerksamkeit erfährt, und auf der anderen Seite die Mutter, die ab und zu etwas Liebe gibt. Egal ob es bewusst oder unbewusst passiert: Diese erste Beziehung hat sich in ein Machtspiel verwandelt.

Babys sind sehr geschickt, wenn es um das Ausspielen ihrer eigenen Macht geht: Sie können die Nerven der Erwachsenen stark strapazieren und die Machtverhältnisse können sehr leicht umschlagen. Diese Abhängigkeiten können sich sanft, aber genauso vehement äußern. Sie können sich auf das Essen, die Kleidung, die Berührung, den Augenkontakt oder die Stimme beschränken oder alle diese Bereiche umfassen.

Abhängigkeit erzeugt Abhängigkeit, und Mütter, die vom Partner abhängig sind oder in ihrer Kindheit dazu erzogen wurden, erziehen auch ihre Kinder zur Abhängigkeit. Kinder lernen durch Nachahmung. In Knechtschaft kann keine erfüllte Beziehung aufgebaut werden. Es bräuchte in abhängigen und symbiotischen Beziehungen eine dritte Person, die wie die ideale Großmutter Mutter und Kind spiegelt und ihnen empathisch hilft, eine einfache, gesunde und für beide Seiten zufriedenstellende Beziehung aufzubauen.

Ähnlich wie in der frühkindlichen gegenseitigen Abhängigkeit wird auch in den späteren Beziehungen der erwachsenen Frau diese dritte Person gesucht und oft durch eine Dreiecksbeziehung gefunden. So ist in solchen Dreierbeziehungen mindestens ein Erwachsener zu finden, der sein „inneres Kind" und nicht seinen erwachsenen Teil lebt.

Für viele Mütter ist eine natürliche Liebesbeziehung ohne Abhängigkeit oder Symbiose nicht auszuhalten, weil sie es selber in ihrer eigenen Kindheit nicht erlebt

haben. Es fehlt ihnen ein Vorbild. Die Bilder von zerrüt-
teten Ehen und zerrissenen Kindern sind viel häufiger
verbreitet. Ebenso die von Müttern, die sich gerade noch
„über Wasser halten" und die alles in die Wege leiten, um
keine groben Fehler zu begehen und dann aber völlig ner-
vös, unbeherrscht oder genervt sind.

Vorübergehende Perioden von Symbiose und Abhängigkeit gibt es in jeder Mutter-Kind-Beziehung. Das
wertvolle Mittelmaß zu finden, von einer gesunden
Abhängigkeit, in der die Mutter sich gut spürt und das
Kind seinen Wesenskern behalten kann und von der Mutter abhängig sein darf, ist die Kunst, die es zu erlernen
gilt. Die Rollen bleiben dabei gewahrt und die Mutter
bleibt die Mutter und das Kind das Kind.

Jede Beziehung, insbesondere die Eltern-Kind-
Beziehung, unterliegt ständiger Veränderung, weil das
Kind sich immer weiterentwickelt. Wenn die Mutter sich
erlaubt, in ihrer Erwachsenenrolle zu bleiben, und sie den
steten Wandel begrüßt, kann sich das Kind durch die liebevolle Atmosphäre entfalten und entwickeln.

Die Mutter, die ihre Liebe lebt und dies ihrer Tochter
auf natürliche Weise vorlebt, lässt Klarheit entstehen.
Diese Klarheit ist die Basis für ein gesundes Selbstverständnis und ein ausgeprägtes späteres Bewusstsein
beider, Mutter und Tochter. Der in buddhistischen Schrif-
ten oft zitierte Vergleich von der „aus sich selbst existie-
renden Bewusstheit" mit dem Wiedersehen von Mutter
und Kind[22] kommt nicht von ungefähr. Die tatsächliche

Aussöhnung in Liebe mit der eigenen Mutter ist der erste Schritt für heilsame Meditationen und entspannte Stunden im späteren Alter.

1.3 Die böse Mutter

Kommen von der Mutter keine Aufmerksamkeit, keine Liebe und keine Unterstützung, dann wird sie in den Augen des Kindes zur bösen Mutter. Diese böse Mutter kann in der reichen Fantasie der Kinder surreale Formen annehmen: böse Hexen mit einem Auge, Riesenvögel mit Stacheln im Gesicht, schwebende Tücher, die das Kind fangen wollen, Ketten, die rasseln, Feuer, das einen einholen will ... das alles sind nur einige Beispiele, die sich auch in den Träumen wiederholen.

Man muss sich nur einmal in die völlige Abhängigkeit und Verletzlichkeit eines Kindes hineinversetzen, um annähernd verstehen zu können, wie sehr die Mutter durch jede ihrer Gesten und Blicke prägt. Auch die körperlichen Größenunterschiede zeigen uns, welch tiefe Wirkung eine auch noch so kleine momentane Ablehnung auf das Baby hat. Eine Hochrechnung der Proportionen (4 kg Durchschnittsgewicht des Säuglings und 60 kg der Mutter) hilft uns dabei: Stell dir vor, dass vor dir ein Mensch mit 900 kg Gewicht (ein Elefant) und einer Höhe von 6,5 Metern (2 Stockwerke) steht, der mit einer fast zehnmal so lauten Stimme zu dir sagt: „Ich mag jetzt nicht, lass mich in Ruh!" Was würde in dir geschehen? Wie würde deine Atmung, wie dein Körper reagieren? Was denkst du? Gerät nicht das ganze System erstmals unter Schock? Natürlich erholt sich das Baby bald wieder, denn es ist die Stimme und genau dieses „riesige Monster" gewöhnt, hat es doch schon vorher neun Monate in seinem Innern geschlummert.

Mit diesem Vergleich kann man sich klarmachen, welche Emotionen in einem Baby geweckt werden. Alle diese heftigen Erfahrungen müssen aber ins Unbewusste verbannt werden, denn im Grunde will das Kind geliebt werden, will genüsslich am Busen nuckeln und sich nicht wegen der Mutter sorgen. Aber nicht immer gelingt ihm das und die Mutter wird zum Monster und das Kind zum „Störenfried", der nicht aufhört zu schreien. Die Mutter ist so noch lange im Unbewussten des Kindes und späteren Erwachsenen als fressendes, schlagendes, abwehrendes und keine Liebe zulassendes Monster zu finden. Selbst bei der besten Mutter kann es zu Albträumen kommen.

Durch den Größenvergleich lässt sich auch erklären, warum in frühen Kinderzeichnungen oder selbst erfundenen Geschichten oder in Träumen das schwarze Loch, der tiefe Abgrund, die fleischfressende Pflanze oder die kinderfressende Frau auftaucht: alles Symbole für die Begegnung mit der bösen Mutter. Die Erfahrungen und ihre Verschlüsselungen sind so vielgestaltig, wie es Mutter-Kind-Beziehungen gibt, und jede Beziehung hat ihre ganz spezielle Symbolik. Das Kleinkind findet immer einen Ausdruck oder eine Reaktion in seinen Träumen, in den Märchen und später in den eigenen Spielen: Käfer, die Kinder fressen, Straßenlaternen, die bemalt werden, Stofftiere, die verbogen, aufgeschnitten, zerrissen werden oder Barbiepuppen, die verstümmelt werden. Dialoge in Rollenspielen geben ebenfalls eine guten Aufschluss über die ersten „bösen" Erfahrungen.

Ob es sich im Leben des heranwachsenden Kindes um Kriegserklärungen oder Streit mit Nachbarn oder Freunden/innen handelt: Die böse Mutter von einstmals hat auch hier ihre Finger im Spiel. Sie durchzieht nicht nur den persönlichen Teil des Menschen, sondern auch den archetypischen und religiösen. Es gibt keine bessere Projektionsfläche als die „böse Mutter". In den ersten Lebensjahren wird sie vom Kind ins Unbewusste verbannt, denn es hat Angst, ihre Liebe zu verlieren. Das Gute und das Böse werden somit voneinander getrennt. Die Mutter ist immer gut und dies spiegelt sich auch in der christlichen Religion wider.

In der Realität jedoch ist die grausame Mutter von der gutherzigen nicht zu trennen. Wie Leben und Tod gehören sie zusammen. Doch kein Kleinkind kann das verstehen: „Als Erwachsene denken wir viel eher in Beziehungszusammenhängen, mehr systemisch und vor allem auch dynamischer: Jedes neue Ideal bewirkt neuen Schatten."[23]

In diesem Zusammenhang ist wichtig, dass sich die Mutter ihrer eigenen Ideale bewusst wird und sie auch ihre bösen Anteile und damit beide Seiten, die gute wie die böse, in sich wahrnimmt. Der böse Anteil, den jeder in seinem ganz spezifischen Ausmaß in der Kindheit erlebt hat, ist genauso wichtig, verstanden zu werden, wie die guten Eigenschaften, denn sonst kann er noch Generationen später zum Vorschein kommen und die guten Absichten verhindern und verübeln.

Man kann somit die gute Mutter mit dem Leben und die böse Mutter mit dem Tod in Verbindung bringen, denn die böse Mutter bringt immer etwas in uns zum Sterben. So kommt es zum Beispiel vor, dass sie die Beziehung zum Vater abbricht und die Kinder vaterlos aufwachsen. Ein Zustand, der den Kindern in vielen Fällen den Boden unter den Füßen wegzieht. Sie verlieren ihren inneren Halt. Töchter, die ohne Väter groß wurden, werden häufiger schon als Teenager schwanger und brechen die Schule häufiger ab.[24] Unter den schwangeren Mädchen unter 20 sind 4 von 10 ohne Vater aufgewachsen.[25]

Oft sind es die Frauen, die den Liebesfluss in der Beziehungskonstellation von Vater, Mutter und Tochter nicht aufrechterhalten können oder wollen. Die böse Mutter stoppt den Fluss der Liebe auch, indem sie ihre eigene Liebesbeziehung unterbricht und indirekt damit auch die Liebe zum Kind. Man kann auch sagen: Die Mutter, die die Liebe des Kindes nicht annehmen kann. Die Mutter, die nicht lieben kann oder deren Liebe versiegt.

Die Mutter, die „einfach nicht mehr kann" und damit auch keine Liebe mehr geben kann.

Die Balance des Gebens und Nehmens ist unterbrochen. Der notwendige Austausch für das Kind ist gestoppt und damit auch die Entwicklung und das Empfinden der Liebe. Die Konsequenzen sind vielfältig und führen zu verschiedenen Schmerzvermeidungsstrategien bei Mutter und Kind.

Zeiten, in denen weniger Liebe fließt, gibt es immer wieder. Liebe ist wie die Muttermilch, von der man nicht ständig trinken kann. Schlimm wird es aber, wenn die Frustrationsgrenze des Kindes ständig überreizt wird und dann die Mutter zu einem Zeitpunkt liebevoll auf das Kind eingeht, wenn dieses gar nicht mehr damit rechnet und erst wieder eine gewisse Zeit braucht, um sich an die neue liebevolle Situation zu gewöhnen. Noch schlimmer ist es natürlich, wenn die Liebesverbindung gar nicht mehr aufgenommen wird. Der Kuss auf die Wange, das Händeklatschen, die Umarmung sind kleine Rituale des Wiedersehens und der Verbindung, die schon immer funktioniert haben. Wenn diese Anknüpfungspunkte für längere Zeit nicht mehr stattfinden, wird für das Kind die Mutter böse – und damit auch die ganze Welt.

Ein ganz einfaches Ritual, die Liebesverbindung wiederaufzunehmen, ist die Umarmung. Keine flüchtige, sondern eine Umarmung, in der wirklicher Körperkontakt entsteht. Bei zwei Erwachsenen könnte das so aussehen: Der Kopf berührt den Kopf, Rumpf, Brust und Bauch berühren sich ebenso, sogar die Knie und Füße können sich berühren. Für eine so lange Zeit, wie beide sich in dieser Stellung wohlfühlen.

Umarmung

Jeder kennt Umarmungen. Aber hast du schon einmal eine zehnminütige Umarmung erfahren, und zwar täglich, über einen längeren Zeitraum hinweg? Zum Beispiel jeden Morgen, einen Monat lang? Probiere es einfach aus. Mit jemandem, den du gerne magst. Vielleicht mit deiner eigenen Mutter oder mit einer guten Freundin. Du wirst merken: Die Verbindung zu diesem Menschen erhält frische Energie. Wenn du es mit deiner Mutter versuchen möchtest, kannst du sehr gut beobachten, wie deine Mutter in der Umarmung reagiert. Die „böse Mutter" hält eine Umarmung nicht lange aus. Eine halbe Minute ist vermutlich schon genug, dann beginnt sie etwas zu tun, kann einfach nicht mehr nur spüren und dabei präsent sein. Sie hält allgemein wenig Körperkontakt und Intimität aus. Sie beginnt zu sprechen, zu zappeln, an dir herumzuzupfen …

Die Mutterschuld

Früher oder später wird die erste tiefe Bindung mit der Mutter dann doch unterbrochen, sonst lägen wir heute noch in Mutters Armen. Unklar ist den meisten Müttern, wie das passiert. Mütter sind so eingespannt, dass sie sich weder bewusst sind, dass es passiert, noch, wie es passiert. Sie sind selbst am tiefsten betroffen, wenn sie es schließlich bemerken. Als Reaktion kommen zum Beispiel Schuldgefühle bei der Mutter auf, wenn die Liebe nicht mehr richtig fließen will. Meist meldet sich gleichzeitig auch das ideale Mutterbild, gepaart mit den Ansprüchen an das Kind, das es doch besser haben sollte, mehr Liebe bekommen sollte usw. Diese Ansprüche machen der Mutter den Tag zur Hölle. Ohnehin ist sie ängstlicher und nervöser als in den Tagen, in denen die Liebe fließt. Auch die Gelassenheit ist dahin (wenn es sie noch gibt, wird es eher eine eingeredete und aufgesetzte als wirklich gelebte sein). Mutter und Kind schleppen sich freudlos von Tag zu Tag weiter.

Das Thema zieht sich endlos hinaus, solange man die oder den Schuldigen finden will. Die eigentliche Frage aber ist: Wo ist die Liebe hin? Die Mutter hat sie nicht, das Kind hat sie nicht, wer hat sie dann? Wieso ist der Fluss verschwunden, wo ist das Wasser hin? Ausgetrocknet? Verdampft? Fließt es unterirdisch weiter? Ist der Fluss künstlich umgeleitet worden?

Wir sollten uns fragen: Wie kann ich meine Liebe wieder aufnehmen? Es genügt nicht, die Liebe in sich zu spüren, wenn sie dann dort für den Rest des Lebens bleibt – sie braucht eine ständige Pflege.

Warum Mütter böse sind, lässt sich nur beantworten, wenn man sich fragt: Was braucht eine Mutter, damit sie sich mit ihrem Kind oder ihren Kindern wohlfühlt? Es braucht als Erstes eine dritte Person im Bunde – wie wir bereits gesehen haben –, die die Mutter und das Kind sieht. Des Weiteren muss die Mutter wissen, was sie selbst braucht. Und sie muss ihr eigenes „inneres Kind" kennen und dessen Bedürfnisse von denen ihres Kindes unterscheiden können. Nur so kann sie ihrer Rolle als Mutter gerecht werden – allzu oft habe ich gesehen, dass eine Mutter zum Kind und das Kind zur Mutter wird.

Gründe für eine böse Mutter

Fehlende Eigenliebe oder erlerntes symbiotisches Verhalten kann der Grund dafür sein, dass eine Mutter böse ist. Die Mutter benutzt das Kind als Ersatz – vielleicht weil es Probleme in der Beziehung mit dem Partner gibt oder aus purem Eigenwillen –, und alle müssen sich nach ihr richten. Wir wissen, dass die frühkindlichen Erziehungsmaßnahmen einer Mutter denen ihrer eigenen Mutter oft sehr ähneln, und diese wiederum denen ihrer Mutter und so fort. Somit ziehen sich viele Verhaltensmuster über Generationen hinweg. Ebenso verhält es sich mit der Schuld – alle geben sie an ihre kleinen Mädchen weiter, mehr oder weniger bewusst. Dieses unbeholfene „Nicht-wissen-Wollen" über die Auswirkungen der eigenen Aktionen, die meist bloß Reaktionen sind, ist Teil der Schuld. Die Mutter fühlt sich schuldig, wenn sie die Liebe, die von ihrem Kind kommt, nicht aufnehmen kann, weil ihr ums Herz zu eng ist. Alte Wunden aus der eigenen Kindheit würden hochkommen, wenn sie es zuließe. Die Fähigkeit, Liebe zu leben, bekommt man als Mutter nicht bei der Geburt des Kindes dazu geschenkt, sondern ist eine der wichtigsten Herausforderungen des Mutterberufes. Sie zum Gedeihen zu bringen, will erlernt sein, und ebenso, sie zu hegen und zu pflegen. Da man diese Liebe allerdings nicht sehen kann, wird sie oft gering geschätzt oder nicht gewürdigt, sodass die meisten Mütter diese Fähigkeit langsam, aber sicher versiegen lassen, denn Liebe wächst unter anderem auch dadurch, dass man ihr Beachtung schenkt.

Wenn die Mutter alles in ihrer Macht Stehende tut, um die Beziehung zu ihrem Kind aufrechtzuerhalten, dann wird Schuld überflüssig und verflüchtigt sich. Schuld löst sich von selbst auf, sobald die Mutter und Frau zu verstehen beginnt, dass sie selbst, wie auch ihr Kind und ihre Umgebung, in eine endlose Kette von Ursache und Wirkung eingebettet sind. Diese Einsicht führt zu einer reifen, verantwortungsvollen Einstellung, die es unmöglich macht, dass man sich für alte Geschichten grämt oder sich in irgendeiner anderen Weise als Opfer fühlt und verhält.

Das Schuldgefühl der Mütter nimmt in dem Maße ab, wie Bewusstheit und Verantwortungsbereitschaft zunehmen.

1.4 Muttertypen

Die Mutter wird per Definition immer in Beziehung zu einer anderen Person gesehen: Man sieht sie mit dem Säugling im Arm, im Kreis ihrer Familie, Hand in Hand mit den Kindern, aber nie als Frau allein. Daher ist es nicht einfach, Mütter in verschiedene Typen einzuteilen, sie als Frauen zu sehen, die ihren eigenen Charakter, ihre eigenen Beziehungsgeschichten und ihr ganz persönliches Intimleben haben. Jede Mutter ist immer in Beziehung, deshalb sind hier Muttermerkmale wie auch Beziehungsmerkmale sichtbar. Wie die Mutter mit uns in Beziehung trat, so erscheint sie uns als Kind. Das hat nichts damit zu tun, was für ein Mensch die Mutter war oder ist.

Als Kind mache ich keinen Unterschied zwischen der Beziehung zur Mutter und der Mutter als Person. Das Kleinkind kann sich nicht vorstellen, wie zum Beispiel die Bedürfnisse der Mutter aussehen – und das ist gut so. Kein Kind interessiert sich für die Bedürfnisse und die Sehnsüchte der Mutter, sondern verfolgt vielmehr seine eigenen Interessen, Gelüste und Wünsche. Die Unterscheidung der Mutter als Frau und eigenständige Person kann das Kind erst wahrnehmen, wenn es sich von der Mutter emotional und mental gelöst oder zumindest teilweise gelöst hat. Dann erst wird die Tochter die Mutter mit genügend Abstand betrachten und erkennen, dass diese unabhängig von ihr eigenen Interessen folgt und ganz spezifische Eigenheiten besitzt, welche der Tochter meist völlig fremd sind.

Einfacher ist es, zunächst die Beziehung der Mutter zu uns zu verstehen. Es geht hier um das Erfassen und Erkennen der Beziehungsfähigkeit der Mutter: Je mehr ich von ihr begreife und akzeptiere, desto leichter lässt sich die Beziehung verbessern. Die zwei dominantesten Muttertypen sind:

- die egoistische Mutter und
- die altruistische Mutter.

Die egoistische Mutter

Dieser Muttertyp ist ausschließlich auf sich selbst bezogen. Der Fokus liegt hier nicht beim Kind, auch nicht in der Beziehung zum Kind und noch weniger in der zur Familie, sondern allein bei sich selbst. Das Kind kann hier zu einer Erweiterung der Mutter werden. In allem, was sie tut und nicht tut, muss es für sie passen, für sie einen Sinn ergeben und alles muss in ihre Denkmuster integrierbar sein. Das kann so aussehen, dass die Mutter das

Kind baldmöglichst in eine Kinderkrippe steckt, denn die eigene Karriere darf nicht unterbrochen werden. Da das Stillen dem Aussehen der Brüste schaden könnte und auch die Freunde nicht zu kurz kommen dürfen, wird das Kind zumeist von oft wechselnden Babysittern betreut. Es wird als Klotz am Bein empfunden, denn es hindert die Mutter am Ausgehen, am Sich-zurecht-machen, an Begegnungen und Diskussionen mit anderen Erwachsenen.

Die Erwartungen an das Kind sind hoch: Es soll möglichst schnell groß werden, es soll bald schon Verantwortung für das eigene Leben übernehmen, früh eigenes Geld verdienen und sich später um eventuelle eigene Kinder ausschließlich selbst kümmern. Es geht immer nur um die Wünsche, Bedürfnisse und Interessen der Mutter, selten um die des Kindes. Auch wenn es oft scheint, als ob die Mutter sich um ihre Kinder bemühe – es geschieht immer aus einem egoistischen Grund heraus.

Mit dieser Mutter ist kein Einschwingen möglich. Gefühle schwelen unter der Oberfläche und kommen nur selten ans Tageslicht. Tränen gibt es nur in seltenen Momenten, zum Beispiel bei Begräbnissen, Hochzeiten und anderen öffentlichen Ereignissen. Es ist für das Kind schwierig, in dieser Beziehung seinen eigenen Rhythmus zu finden, sich gesehen oder gehört zu fühlen, weil immer auf die Mutter Rücksicht genommen werden muss. Ein ständiger emotionaler Druck lastet auf dem Kind. Die egoistische Mutter wird oft geschieden sein, weil sie wenig kooperativ ist. Nicht selten vereitelt sie die

Begegnung von Kind und Vater. Die Gleichberechtigung der Geschlechter wird leicht zum Familien- oder Beziehungsstress, denn auch vom Mann werden mütterliche Eigenschaften und Mutterpflichten gefordert. Die egoistische Mutter ist auch meist die aktive Mutter, die immer einen Schritt voraus ist. Sie ist diejenige, die das Kind abstillt, bevor es dazu bereit ist, und die es gerne sieht, wenn das Kind möglichst früher als die anderen in die Schule geht. So früh wie möglich lässt sie es bei anderen Leuten, damit Mutti arbeiten, ausgehen, schwimmen, tanzen oder in Ruhe durch die Stadt schlendern kann. Das Kind ist ein Objekt, ein Vorzeigeschild, ein Statussymbol, das das Image der perfekten Frau und Mutter abrundet.

Die altruistische Mutter

Die altruistische Mutter wächst zunächst mit dem Kind, verliert sich aber genau dadurch später selbst im Kind. Je älter das Kind wird, desto mehr verliert sie sich, denn der Sinn ihres Lebens ist ihre Mutterschaft, das Kind selbst. Sobald das Kind oder die Kinder selbstständig werden, stürzt sie in eine große Krise. Sie wird psychisch und oftmals physisch krank und damit – oder durch andere Vorwände – verhindert sie, dass das Kind sich von ihr entfernen und aus ihrem Dunstkreis und Machtbereich lösen kann. Die Motive für ihre Mutterschaft sind nicht klar zu erkennen. Für diese Mutter ist es generell schwer, einen eigenen Standpunkt zu benennen, denn eigene

Standpunkte werden schon als egoistisch eingestuft und sind daher in ihren Augen schlecht. Die Wünsche der anderen, der Kinder, des Ehemannes, der eigenen Eltern oder der Druck der Gesellschaft stehen immer im Vordergrund und spielen bei der Gründung der Familie eine größere Rolle als der eigene Kinderwunsch. Der eigene Wille wird in allem hintenangestellt. Mit der Zeit kann dadurch das Gefühl für sich selbst ganz verloren gehen und die Fremdbestimmung wird als Normalität empfunden. Eigene Bedürfnisse werden nicht geäußert und die Zeit wird mit dem Hüten der Kinder und dem Versorgen der Familie gefüllt. Während der Schulzeiten macht sich die Mutter Sorgen und Gedanken um das Kind, und auch später noch, wenn es schon von zu Hause ausgezogen ist, sorgt sie sich in Gedanken weiter und erwartet als Dank dafür Liebe.

Durch die übertriebene Aufmerksamkeit, die dem Kind entgegengebracht wird, und die ständige Verbindung zur Mutter kann das Kind kein Selbstgefühl entwickeln. Die Symbiose wird aufrechterhalten und die Abhängigkeit gefördert. Die Ideale, die die Mutter an sich selbst richtet, sind sehr hoch, und entsprechend kämpft diese Mutter ständig mit Schuldgefühlen, weil sie ihnen nie gerecht werden kann. Ihr Ideal und ihr Anspruch an sich selbst ist, „die Kinder immer zu lieben", „ immer warm und herzlich zu sein", „immer zu trösten und zu verzeihen", „ Wunden aller Art zu heilen und immer Rat zu wissen".

Diese Haltung, gepaart mit dem Wunsch, immer und überall im Leben des Kindes dabei zu sein, und der oft sorgenvolle Blick erinnern sehr an die leidende Christus-Mutter Maria. Diese Mutterfigur kann vom Kind leicht zur idealisierten Mutter werden, die man vor allem schonen muss: Man darf ihr keinen Ärger bereiten, keinen Krach machen, man muss artig sein und darf nicht streiten – alle Vitalität muss weit weg von der Mutter ausgelebt werden, aber niemals in ihrer Nähe. Jedes gegen die Mutter gerichtete „Nein" wird als undankbar gewertet.

Die altruistische Mutter bemüht sich immer, freundlich und geduldig zu sein: So erhält die Liebe zum Kind eine sehr verkrampfte Note, was sich nicht nur auf ihre Beziehung zum Kind, sondern auf die ganze Familie belastend auswirkt. Es entsteht ein richtiggehender „Liebesstress".

Neue Muttermodelle

Anhand dieser beiden extremen Modelle wird deutlich, dass zu wenig selbst erfahrene Bemutterung Ursache für diese Verhaltensweisen ist. Selbst wenn man sich dieser fehlenden Mutterliebe bewusst ist, verstärkt sich das Kompensationsverhalten in den meisten Fällen noch. Die altruistische Mutter wird es oft zu einer totalen Übermutterung steigern, denn die eigenen Kinder sollen – im Gegensatz zu ihr – nicht diesen schrecklichen Mangel erleiden müssen.

Bei der egoistischen Mutter ist der eigene Hunger nach Mutterliebe so groß, dass er zum Heißhunger wird, sobald das eigene Kind eben das fordert, was die Mutter selber nicht bekommen hat. Diese Liebessehnsucht ist einfach älter und mächtiger und wird an die erste Stelle gestellt – zum Nachsehen der eigenen Kinder. Beiden Muttertypen kann ein religiöser Deckmantel zwar helfen, mit den alltäglichen Problemen besser fertigzuwerden, doch auch der bietet ihnen keine wirkliche Lösung an. Beschwichtigungen helfen niemandem weiter, wenn die Schmerzen des Körpers und der Seele aufschreien. Auf die Bedürfnisse des Kindes einzugehen und mit ihnen auf mehreren Ebenen kommunizieren zu können, wäre wunderbar. Aber mangelnde Mutterliebe ist ein so weit verbreitetes Phänomen, dass die ganze Gesellschaft darunter leidet. Die Psycho-Szene, die spirituelle Szene und die New-Age-Szene machen sich stark und verweisen vorwiegend auf Maßnahmen gegen die Leere, die in jedem von uns schwelt.

Auf ein gelungenes Beispiel hat mich meine Tochter aufmerksam gemacht: die Geschichte von Rene im Buch „Journal d'une schizophrène"[26], deren Psychotherapeutin „ihre Mutter" wird und so tatsächlich erstaunliche Erfolge in der Therapie bewirkt.

Allerdings ist diese Geschichte eine der Ausnahmen, sie regt aber dennoch zum Nachdenken an, wie es wohl wäre, wenn Therapeuten aus Liebe über ihre stark abgegrenzte Rolle hinaustreten würden. In den meisten Fällen will der mutterlose Patient allerdings einfach versorgt werden und nicht nachdenken müssen – irgendjemand soll ihn von allen seinen Sorgen und Schmerzen befreien. Da sind Mediziner eine willkommene Hilfe, denn sie verschreiben einfach ein Mittelchen, das dann geschluckt wird. So einfach! Vielleicht würde die Genesungsrate ansteigen, wenn die Arzneien nach Muttermilch schmeckten?

„Die mutterlosen Mechanismen dieser Gesellschaft führen zu Stärkekult, Ellbogenmentalität, Bindungsarmut mit wachsender Risikobereitschaft. Leistung – Honorierung – Vergnügen – ist die Trias der westlichen Bemühungen, Mutterlosigkeit zu kompensieren. Das Lob der Mutter oder ihre Beruhigung sind der Lohn für alle Anstrengungen, aber Liebe ist das nicht. Die fehlende Nähe und die gestörte frühe Bindung werden sozial zur Normalität, die Angst und Empörung über die mangelnde frühe Annahme wird in sozialen Verteilungskämpfen ausagiert."[27]

Ob wir hier über den Kampf der Lobbys sprechen, den Streit mit den Nachbarn, den Kampf um den Geliebten, um das Sorgerecht für die Kinder oder um das geliebte Erdöl – der Mangel an Mütterlichkeit ist an jedem Konflikt beteiligt. Je mehr wir unserer Mutterlosigkeit Beachtung schenken, desto besser können wir uns von ihr verabschieden. Eine ehrliche Betrachtung der Mutterproblematik ist der erste Schritt zur Veränderung und Neugestaltung des Mutterbildes und damit der Frau. Das Image von der übergewichtigen, mütterlichen Frau, die

für Haus und Familie da sein muss und deren Platz hinter
dem Herd ist, stimmt schon lange nicht mehr. Die Mutter von heute will viel und oft alles: einen guten Mann
und Vater ihrer Kinder, eine gut bezahlte Arbeit und oft
auch Karriere, Kinder und ein schönes gemütliches Heim,
Freundinnen und Hobbys. All dies braucht eine genaue
und sehr gut funktionierende Organisation, Disziplin,
Einfühlungsvermögen und hohe Konzentration. Den Kindern ist meist nur wichtig, dass es Mutti gut geht und sie
zufrieden ist. Diese Art zu leben lässt viele alte Werte und
Modelle zusammenbrechen. Die „neuen Mütter" beginnen aber auch zu unterscheiden, welche Verhaltensweisen ihrer Mütter sie beibehalten wollen und welche nicht.
Sie stellen die Mutter-Kind-gerechten Beziehungsbe-
dürfnisse wieder in den Mittelpunkt.

Jede Frau sucht nach neuen Mutterbildern, aber es
sind keine da. So ist der Kompromiss das Beste: vom
Alten das Brauchbare zu nehmen und vom Neuen das
Meistversprechende. Mütter stehen vor der großen Herausforderung, sich selbst zu vertrauen und unabhängig
von der Gesellschaft zum eigenen Wohl und dem des Kindes zu agieren: „Unser Vertrauen wächst in dem Maße
wie die innere Unabhängigkeit. Und Vertrauen ist anste-
ckend. Mütter, die selbst Vertrauen haben, erzeugen
Vertrauen, nicht nur bei ihren Kindern, sondern auch bei
anderen Menschen".[28]

Die Mutter, die sich wirklich mit dem Kind zu verbinden
weiß, kommt gezwungenermaßen in die Lage, sich selbst

und die Gesellschaft mit kritischem Blick zu betrachten. So wird sie die Illusionen zerstören, dass man, um den Anforderungen, „eine gute Mutter" zu sein, gerecht zu werden, am besten gleich Psychologie und Medizin studiert haben sollte. Das Wissen zu bekommen, das den Müttern eigentlich helfen soll, wird oft zu einem weiteren Stressfaktor, denn die speziellen Fachkräfte sind nicht für jede Familie erschwinglich. Hier könnte man neue soziale Berufe und Einrichtungen schaffen, die Mütter und Familien helfen, mehr Vertrauen aufzubauen und besser mit Ängsten und Zweifeln umzugehen. Dass dies bereits unter Müttern in privaten Initiativen immer häufiger stattfindet, ist ein gutes Zeichen und zeigt, dass tatsächlich Nachfrage danach besteht. Mütter schließen sich mit anderen Müttern zusammen und treffen sich, um untereinander ihre Gedanken, Sorgen und Zweifel auszutauschen. Sie geben so ihren Bedürfnissen Ausdruck und finden Rückhalt, um das zu verwirklichen, was sie wollen und wünschen.

Leider ist es niemandem sofort bewusst, dass mit dem Mutterwerden alle alten Muster der eigenen Kindheit an die Oberfläche kommen und mit Vehemenz in den Alltag eindringen. Einen guten Einblick in dieses Thema liefern Gespräche mit der eigenen Mutter. Diese können helfen, dass die Themen, die aus der eigenen Kindheit stammen, nicht zu sehr die Beziehung mit dem eigenen Kind belasten.

Der Unterschied zwischen dem eigenen „inneren Kind" und der Mutterrolle wird für die Mutter klarer. Mit der eigenen Mutter Kontakt halten, die eigene Kindheit ansprechen und die Mutter erzählen lassen, neugierig sein, aufrichtig sein und Interesse entwickeln für die Situation, wie sie aus deren Augen gesehen wird, bringt viel Klärung. Gespräche mit der Mutter können sich zum Beispiel zu einem ungezwungenen monatlichen Kaffeeklatsch entwickeln. Ein persönliches Mutter-Tagebuch anzulegen, kann auch über viele Hürden hinweghelfen und vor allem viele Spannungen bereinigen. In einem eigens dafür vorgesehenen Buch oder Heft wird alles frei von der Leber weg aufgeschrieben, was einem durch den Kopf geht und was sich an Gedanken ansammelt; alles, was die Beziehung zum eigenen Kind betrifft, dem inneren und dem tatsächlichen.

In den ersten Wochen des Schreibens ist es hilfreich, jeden Tag mindestens eine Seite zu schreiben, ohne sie nochmals durchzulesen. Es geht nicht darum, etwas besonders Gescheites zu schreiben, sondern es geht darum, dass durch das Niederschreiben der Kopf entlastet wird und damit auch die Beziehung zum Kind, weil viele Problempunkte in einem Buch „abgelegt" werden können.

Teil 2:
Mutter meiner Kinder

2.1 Rituale des Wandels

In vielen Kulturen finden sich Rituale des Loslassens und Reste sowie Überlieferungen davon sind auch bei uns noch zu finden.

Insbesondere für Frauen gilt es, sich immer wieder körperlich und emotional von Perioden, Freundinnen, Liebhabern, Tieren und Orten zu verabschieden. Wobei die erste Abnabelung von der Mutter für die Tochter besonders wichtig bleibt. Frauen haben durch ihren eigenen körperlichen Zyklus einen leichteren Zugang und eine stärkere Verbundenheit zu den Zyklen und Rhythmen der Natur und ihrer näheren Umgebung. Sie besitzen von Natur aus ein gutes Gespür oder eine gute Intuition für den richtigen Zeitpunkt, und so auch für den richtigen Augenblick der Loslösung und des Abschieds: „Es geht bei Trennungen nie nur darum, dass wir uns ablösen von Menschen, es geht immer auch darum, dass dadurch unsere Identität wieder neu definiert werden muss."[29]

Traurigkeit, Wehmut, Nostalgie oder Sehnsucht, die sich mit verschiedenen anderen Gefühlen und Empfindungen vermischt, begleitet zunächst solche Momente. Wenn wir in der Jugend gelernt haben, uns bewusst von den Eltern und dem, was sie für uns bedeuteten, zu verabschieden, wird es später einfacher sein, in größeren oder kleineren Loslösungen Klarheit und Verstehen zu bewahren. Nachdem es nur wenige Eltern gibt, die selber eine klare und deutliche Trennung von ihren Eltern erlebt haben, steht unsere Generation vor einer doppelten Herausforderung, denn die meisten Eltern stehen gezwungenermaßen zwei Problemen gegenüber: dem unverarbeiteten Trennungsschmerz mit den eigenen Eltern, der hochkommen wird, und dem der Tochter, die Begleitung und Halt sucht. Dadurch überfordern sich Mütter oft emotional in Abnabelungszeiten und Loslösungsprozessen. Und das meist deshalb, weil sie sich nicht bewusst sind, was da gerade genau vor sich geht.

Zwar nehmen Frauen Zyklen der Trennung und des Neugestaltens schneller wahr, aber ob sie ihnen auch Ausdruck verleihen, ist eine andere Sache – auch, weil bei Trennungen die Gefühle eher Stromschnellen ähneln als einem ruhigen Fluss. In allen Kulturen werden Momente, Abschlüsse oder Bündnisse gefeiert und in irgendeiner speziellen Weise versiegelt. In Ritualen trifft sich die tiefe, sinnhafte Handlung mit ganz alltäglichen Objekten, wodurch diese eine ganz besondere Qualität erhalten. In

Übergängen werden diese Qualitäten auf natürliche Art und Weise sichtbar und fühlbar. Das kann „die morgendliche Tasse Kaffee" sein oder „die Begegnung mit den Nachbarn" oder das „Vogelgezwitscher vor dem Fenster". Für die Person, die sich im Übergang befindet, ist die Chance, sich selber kennenzulernen, größer denn je, denn die eigene Persönlichkeit tritt in diesen Phasen stärker ans Tageslicht. Was man vorher eher übersehen hat, kommt den Sinnen näher. Es wird spürbarer als vorher. Jeder Übergang ist ein Wechsel, von einem Zustand in einen anderen, von einer Periode in die nächste.

Rituale, die diese Trennungsperioden unterstützen, können wir in drei Kategorien unterteilen: Abschiedsrituale, Rituale der Mitte und Orientierungsrituale.

Abschiedsrituale

Mit diesen Ritualen wende ich mich der Vergangenheit zu. Der Blick richtet sich nicht nach vorn wie im Orientierungsritual, nicht nach innen wie im Ritual der Mitte, sondern zurück. Wenn die Tochter aus dem Haus geht, stellen sich in dieser Phase der Abnabelung vor allem Fragen der eigenen weiblichen Identität:

- Was für eine Mutter war meine Mutter?
- Hat es Unterschiede gegeben zwischen meiner Erziehung und der meiner Geschwister oder der anderer Familien?
- Was habe ich von meiner Mutter gelernt?

- Was für eine Frau war sie?

- Welche Eigenschaften habe ich von ihr übernommen? Welche davon kann ich gut im Leben gebrauchen und welche will ich nicht in meinem Leben haben? Von welchen will ich mich trennen?

- Welche Einstellung hat sie in Bezug auf Männer? Hatte sie viele Männer?

- Wie geht meine Mutter mit ihren Freunden und Freundinnen um? Mit Nachbarn?

- Wie ist sie im Beruf, wie ist ihre Einstellung zu Kindern, wie ihre Beziehung zum eigenen Körper, zur eigenen Gesundheit?

- Was weiß ich über ihren Selbstausdruck, ihre Spiritualität und Religiosität?

- Wie war das Zuhause, das sie geschaffen hat? Hatte sie einen eigenen Bereich für sich im Haus?

Wenn die Tochter sich von der Mutter löst, kann sie sich auch folgende Fragen stellen:

- Was wird jetzt für mich wichtig?

- Welche Prioritäten muss ich neu setzen?

- Welche Gefühle hinterlässt der Abschied in mir?

- Von welchen Teilen in mir verabschiede ich mich gerade?

- Was möchte ich Neues in meinem Leben gestalten und erschaffen?

● Was liegt mir wirklich am Herzen?

● Wie und womit will ich die nächsten Jahre verbringen?

Die Tochter kann daraus ein kleines Abnabelungsritual machen: Alles aufschreiben und den Zettel verbrennen, einer Flaschenpost oder einem Luftballon übergeben ... Dadurch kann sich ein körperliches Gefühl einstellen, das ihr sagt: „Ich löse mich jetzt von der Zeit mit meiner Mutter."

Weitere Fragen zu einem guten Abschiedsritual wären etwa:

● Was hab ich von meiner Mutter bekommen und was würde mir in meinem Leben fehlen, wenn ich sie nicht als Mutter gehabt hätte?

● Welcher ist ein positiver Aspekt in der Beziehung mit ihr? Wie sahen die schönsten Momente aus? Wofür bin ich ihr dankbar? Was hat sie mir beigebracht und bereichert dies mein Leben und meine Beziehungen?

● Gab es Augenblicke/Perioden, in denen ich völlig an meine Grenzen gegangen bin? Wenn ja, hab ich dort Halt gemacht oder bin ich weitergegangen? Hab ich mich selbst mehr gefordert, als es mir gutgetan hätte?

● Welches waren Momente, in denen ich mich verletzt fühlte? Welches waren Momente, in denen ich sie verletzte? Was muss in mir und in ihr demnach geheilt oder verziehen werden? Gibt es etwas, wofür ich mich entschuldigen möchte?[30]

Wenn das Verständnis fehlt und die Trauer keinen Platz bekommt, taucht bei jeder Art von Trennung zunächst Ärger oder Hass auf. Diese Wut und dieser Ärger zeigen, dass es in der Beziehung viele unterdrückte Gefühle gegeben hat. Da Gefühle besonders wichtig sind, muss man sich beim Loslösen Zeit für sie nehmen. In jeder erstarrten oder rigiden Trennung sind meist auch die Gefühle erstarrt und die Tränen versiegt. Nun geht es darum, ihnen zu helfen, wieder fließen zu können.

Es ist klar, dass wir uns von der intensiven Zeit der Kindheit nicht mit einem einzigen Ritual trennen können, aber es kann einen besseren und deutlicheren Abschied und Neubeginn geben. Wir sind somit in der Lage, schneller zu erkennen, ob und wie wir in alte Muster verfallen. In diesem Sinne kann ein Ritual auch öfter wiederholt werden, zum Beispiel immer am letzten Tag des Jahres oder am eigenen Geburtstag. Je weniger Gepäck wir auf unserer Reise durchs Leben mitschleppen müssen, desto leichter wird die Reise.

Rituale der Mitte

Rituale der Mitte helfen, mit der Orientierungslosigkeit, der Leere, der Hilflosigkeit und oft auch der Angst besser zurechtzukommen. Sie löschen diese Empfindungen und Gefühle nicht, sondern geben ihnen einen Sinn und Zweck, der es ermöglicht, sie besser zu durchleben, denn wenn uns etwas schmerzt, sind wir viel eher bereit, nach dem Sinn und der Bedeutung zu fragen. Das Loslösen wird als ein Verzicht empfunden und wenn dies nicht bewusst geschieht, können daraus unbeschreibliche Dramen erwachsen. Es geht hierbei nicht darum, Opfer und Täter zu benennen, sondern um das bewusste Sich-Ergeben in unabänderliche Lebenszyklen. So könnten Rituale der Mitte auch Rituale der Sinnfindung, der Zentrierung, der Verbindung oder der Tiefe heißen. Das, was wir in diesem Zusammenhang „Tiefe" nennen, beschreibt in den meisten Fällen die Erkenntnis, die wir aus der Vergangenheit ziehen.

Die Abnabelung hinterlässt ein Loch, eine Wunde, eine Leere. Dem Jugendlichen fehlt die Sicherheit, der Mutter die Lebendigkeit, wenn die Kinder aus dem Hause gehen. Dies ist ein guter Augenblick, um in seine eigene Mitte zu gehen und sich mit sich selber zu verbinden. Die Zeit, die es dafür braucht, muss man sich einfach nehmen. Für die Tochter kann es eine sportliche Betätigung sein, die ihr die Zentrierung gibt, die sie braucht, um sich zu lösen, oder eine anregende Lektüre, die ihr das notwendige Wissen vermittelt. Es kann eine Gemeinschaft sein, die ihr ein Gefühl der Zugehörigkeit gibt, wodurch sie sich besser finden kann (auch wenn die meisten Jugendlichen noch nicht wissen, was es heißt, sich in seiner Mitte zu finden). Die unbewusste Suche nach der Mitte endet oft mit einer noch größeren Unsicherheit. Und nicht selten bleibt es eine nach außen gerichtete Frage, die mir ein anderer beantworten soll. Von anderen aber kann keine wirklich zufriedenstellende Antwort kommen, und die Suche nach einem inneren Halt geht oft endlos weiter.

Wenn die Tochter in ihrer Umgebung und in ihrer Mutter kein Vorbild dafür findet, was es heißt, „in seiner eigenen Mitte zu sein", kann sie nicht wissen, wonach sie sucht. Deshalb erklärt sich die Suche oft mit den Worten „Ich weiß nicht, was ich will" oder „Ich weiß, was ich nicht will". Diese Art von Verwirrung ist in Zeiten von Übergängen und Abnabelungen in allen Altersstufen in unterschiedlichem Maße anzutreffen. Viele Jugendliche nehmen sich nach der Schule oder Uni ein Jahr Zeit zum Reisen und Umherjobben, ohne bestimmtes Ziel. Diese Zeit brauchen sie, um zu überlegen, was sie später tun und werden möchten. Auch Frauen nehmen sich immer öfter ein Jahr Auszeit von der Arbeit, erkunden die Welt, reisen, reflektieren, suchen sich und finden sich auch oft dabei. Ehepaare gönnen sich häufig, wenn die Kinder das Haus verlassen haben, Zeit zum Reflektieren und zur Neuorientierung. Meditationskurse und andere Formen der Innenschau erfüllen einen Großteil dieser Bedürfnisse, die in solchen Lebensphasen auftauchen.

Für mich ist der Atem das allerwichtigste Mittel, um mich zu zentrieren: Um in meine Mitte zu kommen, brauche ich meine Atemübungen – und für meine Reflektionen und Innenschau ebenfalls. Der Atem ist für mich das Symbol eines eigenständigen und verantwortungsvollen Lebens. Eine einfache Übung geht folgendermaßen:

Nimm dir jeden Tag mindestens drei Minuten Zeit, wann immer du möchtest – es kann am Morgen, Mittag oder Abend sein. Nimm im Sitzen, im Stehen oder im Liegen eine angenehme Position ein, in der der Bauch und das Zwerchfell sich gut bewegen können. Gürtel und enge Hosen oder Röcke werden gelockert oder geöffnet. Nun beginne, die gesammelte Aufmerksamkeit auf den Atem zu lenken: Die Luft, wie fühlt sie sich an, wenn sie in die Nase fließt? Streift sie deine Oberlippe oder nicht? Beobachte die Bewegungen des Brustkorbes, der Rippen, der Muskeln, während sich die Lungen mit Luft füllen und danach wieder leeren. Wenn die Luft aus den Lungen herausfließt, versuche, den Moment des Stillstandes zu genießen. Wie lange dauert es, bis der nächste Atemzug in die Lungen hineinströmt?

Am Ende der drei Minuten legst du deine Hände auf deinen Bauch und schickst die Aufmerksamkeit kurz dorthin. Dann kannst du wieder deinen gewohnten Aktivitäten nachgehen. Mache immer so weiter mit deinen Beobachtungen, Tag für Tag.

Versuche, diesen „Atemtermin" mit dir selber mindestens drei Wochen lang beizubehalten. Es kann gut sein, dass sich die bewusste Atmung auf mehrere Momente und längere Phasen des Tages ausdehnt. Wunderbar, es funktioniert! Und damit kommen mehr Konzentration, mehr Zentrierung, mehr Präsenz in alle deine Handlungen.

In der jugendlichen Sturm-und-Drang-Zeit wird diese
Phase des Zentrierens und der inneren Präsenz oft übersprungen, denn die Energie drängt nach außen und in
die Welt. Je mehr man sich dem Tode nähert, desto tiefer
und stärker wird man sich dieser Phase bewusst. Krisen
der Mitte oder „Midlife-Crisis" beschreiben meist wunderbar die Verdrängung und den Verlust der eigenen
inneren Mitte und damit der Balance im Leben.

Orientierungsrituale

Wenn wir aus der Mitte kommen, dann fällt uns die Orientierung leicht.

Das Gefühl von „Ich weiß nicht, was ich will" kommt
gar nicht erst auf. Stattdessen heißt es: „Ich weiß, wer ich
bin, und ich weiß, was ich will." Und das muss keine lange
Zeitspanne beschreiben: Es können Tage oder Wochen
oder nur Minuten sein. Aus diesem guten Gefühl heraus
lässt sich leicht die Orientierung finden, die nötig ist, um
in das Erwachsenenalter und die volle Verantwortung für
das eigene Leben einzusteigen.

Nicht immer sind wir zentriert und wissen, was wir
wollen, und nicht immer ergibt sich aus der Ablösung
und dem Abschied für uns das angenehme Gefühl von
Freiheit. Viel öfter ist diese Freiheit mit Angst besetzt,
mit Leere oder dem Gefühl der Verlorenheit.

Ein wunderbares Ritual der Orientierungshilfe kann
das folgende sein:

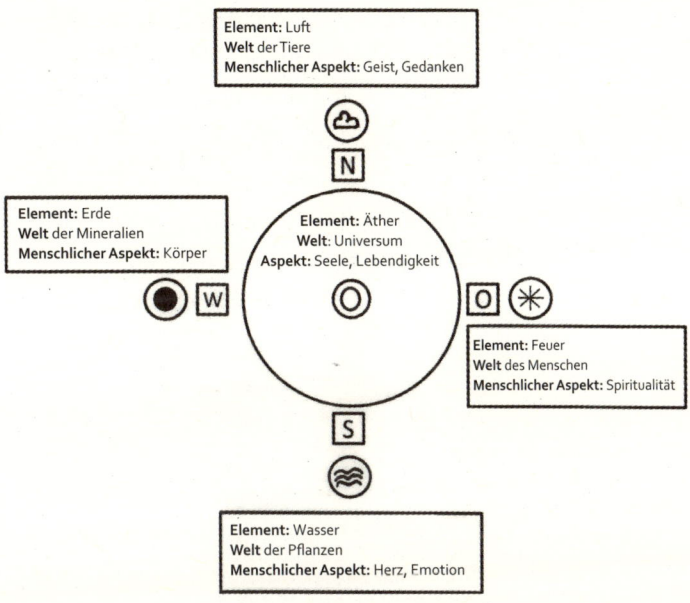

Das Lied der vier Himmelsrichtungen

Such dir einen Baum, mit dem du dich eine Zeit lang unterhalten möchtest. Zunächst setzt du dich in Richtung Süden hin, sodass der Rücken am Baumstamm lehnt und du nach Süden blickst, dann stellst du dir die weiter unten stehenden Fragen für diese Himmelsrichtung.

Sprich laut, sodass du deine Worte gut hören kannst. Dann warte auf Zeichen aus der Natur, öffne dich ihr. Lass die Wörter, Eingebungen, Assoziationen, Intuitionen, Gedanken, Fantasien und alles, was aufsteigen will, in dir aufsteigen. Wenn du das Gefühl hast, eine

Antwort zu spüren oder dir die Antwort als Worte klar im Kopf erscheint oder Bilder dir die Antwort mitteilen oder du etwas hörst, was dir eine Antwort übermittelt, dann rückst du ein Stück weiter, nun mit Blick in Richtung Westen – und immer so weiter.

Für die letzte Position, das Zentrum, setzt du dich in die Richtung, in der du dich am wohlsten gefühlt hast.

Am Ende kannst du den Baum umarmen oder Mutter Erde für die Hilfe danken, die du vielleicht von ihr erhalten hast.

Die Fragen, die du dir stellen kannst, lauten:

Nach Süden: Was ist mein Herzenswunsch für meine Weiblichkeit? Was würde mich in meinem Leben als Frau glücklich und zufrieden machen?

Nach Westen: Was will ich ändern? Was möchte ich hinter mir lassen, damit das geschehen kann? Welche meiner Angewohnheiten und Haltungen behindern mich dabei?

Nach Norden: Welche (mentalen) Qualitäten, welches Wissen und welche Einstellungen muss ich mir aneignen, damit sich mein Herzenswunsch erfüllt?

Nach Osten: Welche ist die schönste Vision von mir selbst, die ich mir ausmalen kann? Was kann ich mir vorstellen, zu sein? Woher nehme ich die Kraft und Energie, um dies zu realisieren? Woher kommt das Feuer, der Enthusiasmus, der mich nährt?

Zentrum: Welche sind die ersten drei konkreten Schritte, die ich gehen werde, um meinem Herzenswunsch näherzukommen oder ihn zu erfüllen?

Wenn du möchtest, kannst du deine Antworten aufschreiben. Wiederhole das Ritual, wann immer das Bedürfnis nach einer gründlichen Revision auftaucht. Es wird dir für dein Wachstum und dein Leben als Frau helfen. Du wirst dadurch selbstverantwortlicher und selbstbestimmter. Das Leben erhält wieder mehr Farbe und vor allem Stärke.

In Übergangszeiten ist es wichtiger denn je, die Gefühle, Gedanken und Empfindungen, die auftauchen, zu benennen und ins Bewusstsein zu rücken, um sie besser zu verarbeiten.

Alle drei Arten von Ritualen verändern unsere Einstellungen und Haltungen durch das Bewusstsein. Sie transformieren unsere Aktionen, und das Leben erhält mehr Sinn. Aus diesem Blickwinkel besehen könnte man das Leben selbst als ein einziges Ritual betrachten, nur haben unsere Handlungen ihre tiefgründige Bedeutung und ihren Sinn verloren. In der Zeit, in der die jugendliche Tochter in das Erwachsenenalter hinüberwechselt und die ersten eigenen Lebenswünsche in der neuen Frau erwachen, werden rituelle Handlungen oft spontan ausgeführt. Wie zum Beispiel das Schminken vor dem Ausgehen am Samstagabend.

Für die heranwachsende Tochter sind auch Rituale, die die Mutter ausführt, wichtig, denn sie geben in dieser Phase Stabilität und Halt, die sonst nirgendwo zu finden sind. Ob es sich um das Nachmittagsnickerchen handelt, die Eistorte als Sonntagsdessert, um das Essensgebet, den jährlichen Kuraufenthalt – es ist nicht wichtig, was es sind, sondern wie es auf die Tochter wirkt. Die Bedeutung der Handlung für die Mutter und die rezeptive Beobachtung der Tochter machen den Unterschied aus. Viel Langeweile, Verdruss und Apathie der Jugendlichen würde verschwinden, wenn sie mit einigen wenigen sinnvollen und konstruktiven rituellen Handlungen aufwachsen würden. Rituale können das Vakuum der Lebensunlust auffüllen und den Geist lebendig erhalten. Sie verschaffen Klarheit, wo vorher verschwommene Bilder die Sicht versperrten, und sie vermitteln ein Wohlgefühl, wo zuvor Angst regierte.

Wer bereits einen guten Bezug zur Natur hat, der kann sich in Zeiten der Neuorientierung auch an Meredith Little[31] wenden, die gemeinsam mit ihrem Mann „Visionssuchtage" in der Natur organisiert. Sie bieten eine sichere Unterstützung auf dem Weg der Selbstfindung. Ob es sich beim „Sich-Finden" um therapeutische Hilfe, Selbsterfahrungsgruppen oder einfach um gute Freunde handelt – es gibt für jede Person die richtigen Antworten, wenn man beginnt, die richtigen Fragen zu stellen.

Sehr gut eignen sich auch Rituale, die spontan entstehen oder die nach eigenem Gutdünken geschaffen werden. Dort, wo das Herz und die gute Absicht in das Ritual einfließen, kann es niemals schlecht ausgehen.

Für die Frauen sind Abnabelungen und damit Wandlungen ein immerwährendes Thema. Sie tragen in ihrem Schoß den Schlüssel dieses steten Werdens und Vergehens.

2.2 Übergänge – Zeit für mich

In jedem Ritual begegnet sich die Frau selbst. Durch diesen Spiegeleffekt kommt die Frau nicht nur sich selbst näher, sondern auch den Eigenschaften, die sie nähren und die ihr helfen, sich zu entwickeln. Die beste Instanz, die der Frau zu mehr Integrität verhilft, ist die „innere Mutter", auch archetypische Mutter genannt.

Sich selber eine gute Mutter zu sein, heißt vor allem, für sich selbst gut zu sorgen. Dafür muss ich wissen, was ich brauche, damit es mir gut geht. Ohne Fürsorge für sich selbst gibt es kein Wachstum. Ohne die Möglichkeit der Erweiterung der inneren Mutter in jeder Frau würden wir alle noch in den Modellen unserer Ur-Ur-Großmütter gefangen sein.

Aus meinen Beobachtungen heraus kann ich sagen, dass es nicht stimmt, dass Frauen ihren Müttern ein Leben lang ähneln oder deren Ideen, Ideale und Rollen aufrechterhalten. Wenn sie die innere Mutter walten lassen und weiterentwickeln, wird aus jeder Frau eine eigenständige und „neue" Frau und Mutter, denn die innere Mutter weiß meist besser als die tatsächliche Mutter, was die Frau braucht. Es ist auch nicht notwendig, jahrelang Therapien zu machen und sich auf Teppichen und Kissen über die Übeltaten auszulassen, die unsere Mütter uns angetan haben und ebenso wenig müssen wir uns jahrelang in Selbstmitleid begraben.

Es geht vielmehr um Lösungen für eine lebenswerte Zukunft, und wenn wir schon nicht den Blick nach vorn wagen, dann deshalb, um uns im Hier und Jetzt fester zu verankern und die Vergangenheit mit der Mutter dort zu belassen, wo sie hingehört. Leider wissen die meisten Frauen zwar recht gut, was sie *nicht* wollen, aber was sie *wollen*, ist nur in ihren geheimsten Gedanken vorhanden und wird oft vor der Welt verschwiegen.

Durch die fehlende Formulierung dieser Gedanken rücken auch Freude und Geist in weite Ferne und unsere Wünsche erscheinen uns mit den Jahren unerreichbar. Verinnerlichte Denkweisen der eigenen Mutter spielen hierbei eine Rolle, wie zum Beispiel Bescheidenheit: „Ich kann nicht alles haben, was ich will." Im Laufe der Jahre entsteht so eine unangenehme Ansammlung von nicht erfüllten und zurückgelassenen Bedürfnissen. In Erzählungen, Träumen und Therapien kommt immer wieder zum Vorschein, wie sich diese Kluft als immer tieferes, dunkleres, alles verschlingendes Loch tarnt. Oft sind es Träume, in denen es sich zeigt: als schwarze Schlucht, als dunkles Grab oder als tiefer Wald, in dem man sich verliert oder verstecken muss.

Verschiedene Fragen tauchen auf: Wo ist meine innere Mutter? Gibt sie mir Halt? Gibt sie mir Liebe? Liebt sie mich? Wann unterstützt sie mich und wie? Wann sagt sie mir „Du bist schön" oder „Du machst das gut"?

Sich selber eine gute Mutter zu sein, ist für jede Frau eine wichtige Aufgabe, und die Voraussetzung dafür, dass das „schwarze Loch" gar nicht erst entsteht. Einer der Hauptgründe, warum Frauen sich in Anwesenheit von Frauen verlieren und sich von sich selbst und ihren Ideen abbringen lassen, ist die große Bereitschaft, sich für jemand anders aufzugeben. In den meisten Fällen stellen sie das „Du" an erste und das „Ich" an zweite Stelle. Diese Angewohnheit kann sich auf alle Beziehungen ausdehnen, ist aber unter Frauen weiter verbreitet. Dies ist einer der Gründe dafür, dass es Frauen zwar gelingt, eine tiefe und intime Verbindung miteinander einzugehen, sie aber diese dann häufig nicht auf Dauer aufrechterhalten können. Wenn die Angst davor, sich zu verlieren, sich aufzugeben, sich kleinmachen zu müssen und sich zu verletzen größer ist als der Wunsch nach einer guten Freundin, dann wird die Beziehung schon frühzeitig wieder abgebrochen.

Diese Modalität wurde von Jack Lee Rosenberg und seiner Frau, Beverly Kitaen-Morse, in ihrem IBP-Institut[32] als „Agency" beobachtet, entwickelt und gelehrt. „Agency" bedeutet für sie die Vernachlässigung des eigenen Selbst zugunsten des der anderen. Über die Jahre wird uns, wenn wir in diesem Mechanismus agieren, die Energie und Lebensfreude verloren gehen. Der Befehl, „brav" zu sein, ist noch in unseren Körperzellen enthalten und konditioniert uns auch in Momenten, wo „brav sein" uns nicht weiterhilft, sondern schadet. Kontakt- und Sexprobleme, Schmerzen und Aggressionen sind die Folge.

Wie komme ich aus diesem Verhalten heraus?

Der erste Schritt ist es, zu erkennen, dass du in dieser Agency-Haltung gefangen bist und was sie ausgelöst hat: Erkennen der eigenen Angst, etwas falsch zu machen oder falsch gemacht zu haben; erkennen, dass du versucht hast, dein Wohlgefühl von außen zu bekommen, Panik vor dem „Nichts".

Der zweite Schritt ist, dass du dir deiner Körpersignale und Körperreaktionen bewusst wirst und so Kontakt mit deinem Körper aufnimmst.

Danach kannst du herausfinden, was dir in der Situation gefehlt hat, die dich in die Agency-Haltung gebracht hat. Welcher Satz hätte dir helfen können?

- Ich bin nicht schlecht. Ich habe nichts Böses getan.
- Ich bin nicht egoistisch, wenn ich an mich selbst denke oder in meinem eigenen Interesse handle.
- Ich werde mich nicht selbst verlassen in dem Moment, wo ich meine Unterstützung am meisten brauche.

- „Mein Leben leben" heißt, dass ich nicht von anderen abhängig sein oder auf andere warten muss.
- Ich habe ein Recht darauf, mich gut zu fühlen, und ich bin deshalb weder eingebildet noch überheblich.
- Ich habe ein Recht auf meine eigene Seele, meine eigene Bestimmung, meine persönliche Beziehung zu Gott, selbst wenn andere dem nicht zustimmen.

Ich habe hier nur einige wichtige Sätze in diesem Zusammenhang ausgewählt und das Thema nur flüchtig berührt. Wer es vertiefen möchte, kann sich an einen Therapeuten der *„Integrative Body Psychotherapy"* wenden oder in Italien an unser Institut „Maithuna". Inzwischen gibt es in ganz Europa gut ausgebildete Berater, die den Körper und dessen Signale auf sensible Weise in ihre Einzelsitzungen oder Seminare miteinbeziehen. Denn nur am eigenen Körper kann ich den Unterschied zwischen einer automatischen Geste der Freundlichkeit (und damit Agency-Verhalten) und dem, was Liebe ist, erkennen.

Körperbewusstsein

Das Körperbewusstsein ist für die Entwicklung jeder Frau überaus wichtig. Durch die monatlichen Blutungen und die ständigen Veränderungen des Körpers, mit denen eine Frau leben muss, ist sie gezwungen, ihrem Körper Aufmerksamkeit zu schenken. In Zeiten der Menstruation, der Schwangerschaft und Geburt oder auch in den

Wechseljahren kann die Frau ihren Körper beim besten Willen nicht negieren. Wenn sie ihren Körper gerne mag und sich auch sonst um ihn sorgt oder verwöhnt, werden solche Phasen angenehmer verlaufen. Wenn aber der Kontakt zum eigenen Körper vernachlässigt wurde oder gar nicht vorhanden ist, können solche Lebensphasen regelrecht zur Qual werden.

Wie auch immer die Beziehung mit dem eigenen Körper aussieht, jede Veränderung, Transformation, Integration und Erfahrung wird in ihm gespeichert und ist durch ihn auch wieder abrufbar. Auch das Barometer der Lebenslust, der Vitalität und Spontaneität wird durch ihn gesteuert. Körperbewusstsein heißt nicht, unentwegt über den Körper nachzudenken oder die vernachlässigte Aufmerksamkeit durch übertriebene Körperpflege zu kompensieren. Körperbewusstsein bedeutet schlicht und einfach, ihn so wahr- und anzunehmen, wie er ist.

Gymnastikvereine mit ihren reichhaltigen und individuellen Programmen können beispielsweise sehr viel dazu beitragen, dass man sich vital und voller Schwung fühlt. Das Bewusstsein des Körpers allerdings trainiert man selten mit, ganz im Gegenteil: Das mechanische Trainieren geht am Körperbewusstsein vorbei, wenn der Körper dabei wie eine Sache und nicht wie ein lebendiger und lebenswichtiger Teil von uns behandelt wird.

In allen spirituellen Traditionen wird das Körperbewusstsein als ein zentrales Thema gelehrt. Es trägt unter anderem dazu bei, dass das Leben intensiver wird. So kann Frau sich fragen, wenn ihr Leben fad geworden ist: Wo und wann ist mein Körper auf der Strecke geblieben und wie kann ich die Beziehung zu ihm wieder aufbauen?

In unserem ersten Buch „Tantra"[33] gehen mein Mann und ich detailliert darauf ein, und die meisten Übungen, die dort beschrieben werden, sind wunderbar geeignet, um das Körperbewusstsein zu verbessern. Sich des Körpers immer bewusster zu werden, bedeutet auch, sich seiner Bedürfnisse immer mehr anzunehmen. Dies sind auch die Schritte, um nicht nur die „Tiefen" zu erfahren, zu denen er fähig ist, sondern auch die eigenen Schätze aus dem Dunkeln ans Licht zu holen und die Höhen zu genießen, zu denen er fähig ist.

Hindernisse aus dem Weg räumen

Nicht immer ist es leicht, die persönlichen Kostbarkeiten und Talente zutage zu befördern. In unserer Zeit der Informations-Überschwemmungen ist es wichtig geworden, auszuwählen: Was ist wichtig für mein Leben und was ist überflüssig? Welche Informationen brauche ich für meine persönliche Entwicklung und welche Bücher sollte ich lieber unbeachtet lassen? Was muss ich wissen, um mein Leben so gestalten zu können, wie ich es will?

Das Aussortieren, auch der eigenen Ideen und Ideale, wird wichtig. Hohe Ideale und Ansprüche können hinderlich sein und leicht zur Resignation führen. Hier hilft es, solche Ideale aufzudecken und sie auf ein realistisches Maß zu reduzieren. Die Angst, die dabei auftaucht, gehört dazu. Ich stelle mich ihr, damit ich sie betrachten kann: Was für eine Angst ist es und wie kann ich die Angst am besten ausdrücken, auf dass sie mir bewusst ist, ich sie sehen kann und sie mich nicht mehr überrumpelt?

Ein weiteres Hindernis kann die Bequemlichkeit sein, aus der viele Frauen nicht mehr herausfinden und für die sie oft ihre Unabhängigkeit aufgeben, denn es ist doch so angenehm, wenn eine andere Person für alles die Verantwortung übernimmt. So zu denken, ist eine alte Gewohnheit, an der man nicht festhalten muss.

Durch die stärkere Lebensenergie, die sich aus einem besseren Körperbewusstsein ergibt, beginnt man ganz selbstverständlich, aus alten Mustern der Selbsterniedrigung auszusteigen. Ob es sich um Selbstzweifel, -sabotage, -kontrolle und -manipulation oder um einen ständigen Opferdrang handelt: Sie werden sich alle zuerst noch einmal verstärkt bemerkbar machen, um danach zu verschwinden. So wie der Besen bei einem Großreinemachen erst den Staub noch einmal aufwühlt, bevor dieser dann im Müll verschwindet.

Die eigene Geschichte schreiben

Der Weg aus der Selbsterniedrigung, Selbstverzögerung und Selbstverhinderung heraus ist nicht linear und verläuft außerhalb unserer gewohnten Denkstruktur. Er ist mit den üblichen logischen Denkmustern nicht zu erfassen. Mythen und Märchen befassen sich auf anschauliche Weise mit diesen Themen und bieten eine gute

Möglichkeit, um das Unbewusste, das uns dominiert, bewusst werden zu lassen.

Sinn der Entwirrung der Mechanismen, die unsere Leben erschweren, ist es, zu eigenständiger Kreativität und co-kreativem Gestalten zu gelangen. Wie es in Märchen oft beschrieben wird, ist der Weg der Frau mit Hindernissen gespickt, die es zu überwinden gilt. Und einerlei, ob die Veränderungen von innen heraus, durch äußere Ereignisse oder von beiden Seiten zugleich initiiert werden: Keine Frau kann sich mehr vor sich selbst verstecken. Die Fähigkeiten, die die heranwachsende Frau in den Märchen braucht, werden erst durch Aufgaben oder Hindernisse, die es zu lösen gilt, deutlich: das Schweigen, das Durchhaltevermögen, das Abwarten, die Aktivität, die Besonnenheit, das Beobachten, das Ablehnen, das Rechnen, das Recherchieren etc.. Alle diese Begabungen sind uns bereits in die Wiege gelegt. Durch unsere lineare Einstellung zum Leben selbst, die oft einhergeht mit einer rigiden Denkweise, sind sie aber meist verschollen oder verkümmert. Spätestens in der Lebensmitte fordern unsere ureigenen Begabungen aber wieder ihre Rechte ein, denn sie sind da, um uns das Leben zu erleichtern und es zu bereichern. Wenn wir sie bis zur Lebensmitte nicht gefunden haben, machen sie auf unangenehme Art und Weise auf sich aufmerksam, und zwar in Form von Ehescheidungen, Depressionen, Krankheiten, Verletzungen oder starken Veränderungen und ungewöhnlichen Lebenssituationen, mit denen man nicht gerechnet hat.

Eine gute Gelegenheit, um die ureigenen Begabungen zu entdecken, ist die Beschäftigung mit Märchen oder mit Geschichten – vor allem mit der eigenen. Auch die eigene Geschichte zu schreiben ist ein wunderbarer Weg, sich mit den neu auftauchenden Themen auseinanderzusetzen. Einfach den Stift in die Hand nehmen und beginnen mit „Es war einmal ...". Mit ein wenig Neugierde für sich selbst die Wörter einfach kommen lassen und auch für Überraschungen offen sein: War es eine Bettler- oder Königstochter, schlief sie hundert Jahre bei einem Drachen oder lebte sie im Wald allein? Waren Elfen und Zwerge in ihrer Nähe oder musste sie fünf Jahre schweigen? Welche Abenteuer musste sie bestehen? An welchem Punkt der Geschichte ist sie angekommen? Wie könnte es weitergehen? Wie könnte die Geschichte ausgehen?

All das sind wunderbare Metaphern, für das, was war, für das, was ist, und für das, was sein könnte.

Wie wünschst du dir die Zukunft der Heldin in deiner Geschichte? Die eigene Geschichte zu schreiben ist eine interessante Mischung aus Symbolen aus der Kindheit, und damit Informationen über die eigenen Wurzeln, und einem Schritt in die Zukunft: „Märchen sprechen zu uns in einer Symbolsprache, die zeitlos gültig ist. Jeder Mensch kann diese Symbolsprache intuitiv verstehen."[34]

Die Fragen „Wie kann ich meine Zukunft gestalten? Wie kann ich mich realisieren? Was ist meine Berufung und was macht mich im Leben glücklich?" sind essenzielle Punkte, die hier auftauchen.

Die Lebensmitte ist nicht nur für den Mann eine Zeit der Krise, sondern auch für die Frau – nur auf eine völlig andere Art. Die Diskussion über Gleichberechtigung hat hier keinen Sinn, denn sie verwirrt allzu leicht, weil sie Frau und Mann einfach nur gleichsetzt. Die Fragen und Antworten sind für Frauen und Männer unterschiedliche. Man kann nicht von Gleichberechtigung sprechen, wenn die Frau ihre Rechte noch nicht gefunden hat, sondern sich an denen des Mannes orientiert und versucht, dieselben Rechte zu erhalten wie er. Ich denke nicht, dass dies zufrieden, glücklich oder harmonisch ausgeglichen macht. Es stimmt mich allerdings froh, dass Frauen zunehmend die Diskussion weg von der Frage der Gleichberechtigung hin zur Anerkennung der Frauenrechte in Gang setzen. Frauen brauchen andere Rechte, die es ihnen ermöglichen, fraulicher zu leben und dem Mutterweg in sich folgen zu können. Diese Anerkennung der fraulichen Fähigkeiten und der fraulichen Werte vollzieht sich, indem sich jede einzelne Frau mit all ihren Begabungen neu entdeckt und sich selbst respektiert und als etwas Besonderes, Wichtiges und Einmaliges wertschätzt.

2.3 Frauentypen – Die weiblichen Archetypen

Die Suche nach sich selbst führt jede Frau zu ihren eigenen Begabungen, Talenten und verborgenen Schätzen. Schritt für Schritt erweisen sich die Fähigkeiten und die Möglichkeiten ihrer innewohnenden Weiblichkeit als wegweisend und hilfreich auf dem Weg zur Bewusstheit. Die Frauentypen, die ich hier aufzeichne, verwende ich seit Jahren in meinen Workshops. Dass du deinen eigenen Typ gefunden hast oder wiedererkennst, siehst du daran, dass sich ein Gefühl der Erleichterung im Brustraum breitmacht. Vielleicht ist da auch eine kleine Empfindung im ganzen Sein oder deine Gedanken bringen dich immer wieder zu deinem Typ zurück.

Hilfreich können die folgenden Fragen sein, die du dir vorher in deinem Tagebuch beantwortest, um den roten Faden zu bemerken, der sich durch dein Leben zieht. Erinnere dich:

- Welche Märchenfigur hat dich als Kind besonders angezogen?
- Welche Frauengestalten in den Märchen waren das?
- Was haben die Leute damals in deiner Umgebung über dich und deine Fähigkeiten gesagt?
- Wie war deine soziale Umgebung und was hast du in ihr erlernt?
- Was war besonders in deiner Umgebung und/oder in deiner Familie?

- An welche Frauenfigur erinnerst du dich gerne und mit Freude, als du 12, 18 und 21 Jahre alt warst?
- Welche anderen Frauenfiguren findest du als Vorbilder in deiner Vergangenheit wieder?
- Welche Eigenschaften und Fähigkeiten besaßen diese Frauen?
- Welche Frauen bewunderst du heute?
- Welche Eigenschaften besitzen sie?
- Welche Filme siehst du dir gerne an?
- Mit welchen Frauen in den Filmen kannst du dich gut identifizieren?
- Welcher Typ von Frau wärst du gerne in einem Film?
- Welche Lebensbereiche haben dich schon immer fasziniert?
- Hat dich in deinem Leben die Magie begleitet oder die Kunst?
- Warst du oft krank? Wenn ja, wie wurdest du wieder gesund? Wer hat dich geheilt?
- Waren es Bücher oder konkrete Lebenserfahrungen, die dich bereicherten oder beides?

Nach all diesen Fragen ist es gut, eine kleine Pause einzulegen.

Wenn du dir deine selbst geschriebene Geschichte, deine Kindheit und wichtige Etappen in deinem Leben vergegenwärtigst, während du die Definitionen der verschiedenen Typen[35] durchliest, kannst du bestimmt erkennen, wo du dich am ehesten wiederfindest:

- Die Königin
- Die Kriegerin
- Die Weise
- Die Priesterin
- Die Künstlerin
- Die Lehrerin
- Die Heilerin

Die Königin

Königinnen sind die geborenen Organisatorinnen. Sie wissen genau, wie sie ihre Umgebung so gestalten, dass alle beschäftigt und zugeteilt sind und jeder zur rechten Zeit an seinem Platz ist. Alles in ihrer Nähe hat seinen geordneten Platz. Ihre Anwesenheit löst in ihrer Umgebung immer Respekt und Achtung aus. Sie scheut nicht die Verantwortung und wird auf der Arbeit gern an wichtigen Positionen eingesetzt. Ob es sich um eine Chefredakteurin, eine Richterin oder eine Bettlerin handelt – sie wird immer würdevoll auftreten. Sie bevorzugt edle Gewänder, edle Stoffe umgeben sie und auch die alltäglichen Dinge in ihrem Umfeld zeugen nicht selten von ihrem besonderen Geschmack. Sie wird stets gute Ratgeber und Ratgeberinnen haben, die ihr zur Seite stehen und ihre Arbeit oder ihre Belange unterstützen.

Wenn eine Königin in Angst und Panik gerät, wird sie alles versuchen, um ihr Hab und Gut zu schützen. Die Kontrolle, Habgier, Tyrannei, mit der sie in solchen Notsituationen reagiert, kann sie in eine Art Exil treiben, in dem sie sich ausgeschlossen oder verdammt fühlt.

Als Mutter wird sie gerne viele Kinder haben und sie bestimmt gut organisieren, denn das ist ihre Stärke. Sie kann sich gut entspannen und in Ruhe darüber reflektieren, wie man eine Arbeit am besten angeht oder ein Projekt am besten organisiert. Die Königin behält in jeder Lebenslage ihre Würde.

Die Kriegerin

Das Merkmal der Kriegerin ist der Kampf. Sie braucht ein Ziel, etwas, wofür es sich lohnt, ihre gesamte Kraft einzusetzen. Die Kriegerin kann man bei Organisationen wie Greenpeace, bei den Straßenkämpfen der Globalisierungsgegner, als Anwältin misshandelter Kinder, Frauen oder Unterdrückter oder als Umweltschützerin finden. Wo immer sie auftaucht, sie wird eine Organisation, einen Herrn oder eine Herrin und/oder Ideale brauchen, für die sie sich einsetzen kann. Sie sucht sich gerne eine „Königin", für deren Reich sie kämpft, wenn die Werte für sie vertretbar sind. Ihr Stolz macht es ihr schwer, zu verlieren, Niederlagen zu erleiden oder zuzugeben. Sie muss sich für eine Sache voll einsetzen können, ansonsten fühlt sie sich nicht verwirklicht. Deshalb sucht sie sich die Kämpfe im Inneren oder Äußeren: Kampf gegen eine

Krankheit, Kampf um den geliebten Mann, Kampf um die Arbeit, Kampf für das Kind, Kampf für die Freiheit, für die Wahrheit, Kampf für den Glauben ...

Alles kann für sie zum Kampf werden und dadurch einen tieferen Sinn bekommmen.

Die innere Hitze, die sie in sich trägt, kann wie das Feuer selbst alle Formen annehmen. Sie ist aktiv und liebt es, aktiv zu sein und zu bleiben. Selbst als religiöse Kriegerin wird sie die inneren Welten aktiv erforschen und ihre inneren Kämpfe erleben und ohne mit der Wimper zu zucken niemals aufgeben, auch wenn die Feuerflammen sie zu verschlingen drohen. Die Ehre ist ihr wichtig.

Die Weise

Die weise Frau ist wissend, weil sie über einen reichen Erfahrungsschatz verfügt: Sie ist diejenige, die aus Erfahrung weiß. Ihre Erfahrung hat sie aus dem Leben und nicht aus Büchern. Sie kann durch ihr Einfühlungsvermögen von sich selbst lernen, aber auch von anderen und dadurch weiser werden. Alles kann für sie zur Erfahrung werden. Eine Weise weiß, dass sie nicht alles weiß, und bleibt dadurch in der Erfahrung des wissenden Nicht-Wissens. Sie will verstehen und alles kann für Sie Anlass sein, den Dingen auf den Grund zu gehen. Sie ist meist bescheiden und doch will sie in ihrer Weisheit erkannt werden, darum zeigt sie sich gerne in der Öffentlichkeit. Schwer zu sagen, was für Berufe sie ergreifen mag, denn überall, wo intelligentes Auftreten gefragt ist, ist sie an der richtigen Stelle. Sie liebt den Überblick: In Momenten, in denen sie größere Zusammenhänge über Mensch und die Welt erfährt, kann sie Ekstase erleben. Plötzliche Eingebungen und Zusammenhänge, die sich im Gespräch ergeben, sind ihr nicht fremd, und die Kommunikation mit nicht sichtbaren Welten ist ebenfalls etwas Natürliches für sie.

Für die weise Frau ist es wichtig, ihre Erfahrungen in Wort oder Schrift oder über irgendein anderes Medium auszudrücken. Sie braucht die direkte Übermittlung ihrer Erfahrungen durch gesprochene Sprache und, wenn dies nicht möglich ist, die indirekte Übermittlung über die Schrift oder die bildhafte Darstellung.

Ihre Erfahrungen und Einsichten sind eine Bereicherung für ihre Umgebung und die Welt.

Die Priesterin

Die Priesterin sucht, hält und vermittelt die Kommunikation und die Verbindung zum Göttlichen. Zunächst für sich selbst, denn nur das macht sie glücklich und frei, und in zweiter Linie dann auch für ihre Mitmenschen. Die Priesterin will nichts anderes, als sich ständig mit dem großen Ganzen in Verbindung zu fühlen, mit Gott, Atman, dem Alles, dem Zentrum allen Seins oder wie auch immer es in den verschiedenen religiösen Richtungen genannt wird. Sie selbst ist die Verbindung zu dem großen Ganzen, und sie tut alles, um dorthin zu gelangen und dort zu verbleiben. Sie ändert ihre Ernährung, kontrolliert ihre Körperhaltung und ihre Atmung, verschlingt esoterische Lektüre, übernimmt schwierigste Aufgaben und strebt ständig nach hohen Idealen. Sie muss sich nicht in Glaubensgemeinschaften wiederfinden, auch wenn Klöster, Meditationszentren und esoterische Gemeinschaften einen besonderen Sog auf sie ausüben. Die Suche nach der absoluten Reinheit und der Klarheit macht es ihr oft schwer, in der materiellen Welt zurechtzukommen. Sie kann aufmerksam zuhören und gut Trost und Rat spenden.

Die Künstlerin

Die Künstlerin ist die Frau, die allem, was ihr widerfährt, und allem, was sie macht, ihre ganz persönliche Note aufdrücken muss. Sie kann es nicht ertragen, eine Frau wie alle anderen zu sein. Sie ist etwas Besonderes. Ob es sich um die Blumen vor dem Fenster, die Tischdecke, das Geschirr oder die Bücher im Regal handelt, es soll alles auf ihre ganz persönliche Weise ästhetisch und originell wirken. Und genauso verhält es sich auch mit der Form der Beziehungen, die sie wählt, und mit der Erziehung ihrer Kinder – wie sie sie erzieht, welche Schule sie für die Kinder wählt, die Arbeit die sie ausübt. Man erkennt sie an der Kleidung, denn ihr Outfit wird immer etwas ungewöhnlich sein und selten mit den herrschenden Trends einhergehen. Sie kann von ungepflegt bis völlig überstylt zurechtgemacht sein, je nachdem, wie sie sich gerade fühlt. Ihre äußere Erscheinung ist Ausdruck ihres Gefühlszustandes, denn in all ihrem Tun wird die Künstlerin sich immer um Ausdruck ihrer selbst bemühen.

Was immer sie beschäftigt, sie wird nach der authentischsten Ausdrucksform suchen und sich nie mit Halbheiten zufrieden geben. Aber gerade dieser Anspruch kann sie in unglaubliche Krisen und Depressionen stürzen, wenn sie nämlich merkt, dass etwas schwer zu erfassen und noch schwerer auszudrücken ist. Die Künstlerin erfährt große Genugtuung und Zufriedenheit, wenn sie in ihrem Leben etwas erschafft, das über ihren Tod hinaus bestehen bleibt. Ein Buch, ein Kind oder ein Haus können so etwas sein. Es erhellt ihre Tage, wenn sie auch im Alltäglichen ihre ganz persönliche Note einbringen kann – durch ein neues selbst genähtes Kleidungsstück, ein neues Tortenrezept, einen Spruch, eine neu formulierte Erkenntnis.

Sexualität ist für die Künstlerin wichtig, denn die verbindet sie mit der kreativen Kraft, die in ihr wohnt. Selbstausdruck in all seinen vielen Facetten und immer wieder neuen Möglichkeiten ist die Bereicherung, die sie ihrer Umgebung und der Welt zu bieten hat.

Die Lehrerin

Die Lehrerin weiß gern über alles Bescheid, darum ist sie sehr wissbegierig und auch neugierig. Sie vertieft sich gerne in Bücher und studiert das, was andere erfahren und niedergeschrieben haben. Sie ist eine aufmerksame

Zuhörerin, eine konzentrierte Lernende mit dem Wunsch, eine Autorität auf einem bestimmten Wissensgebiet zu sein, um diese Autorität auch auszuüben und das Wissen wieder weiterzugeben. Deshalb findet sich die Lehrerin immer an Plätzen, wo sich das Alte mit dem Neuen trifft. Schule und Universität sind ihre bevorzugten Plätze. Überall dort, wo ihr angesammeltes Wissen gebraucht wird, wie in Forschungslaboren, ist sie gerne dabei. Sie ist auch eine Sammlerin und erhält gerne die Distanz aufrecht zu den Dingen, die sie erkundet und die sie lernt oder lehrt. Das gibt ihr oft den Anschein von einer gewissen Kühle und Distanziertheit, obwohl sie eine sehr liebevolle Freundin, Kollegin und Partnerin sein kann, wenn sie auf Verständnis und Entgegenkommen stößt.

Die Heilerin

Die Heilerin ist die Frau, die den größten Anteil am Gesunden der Menschheit hat, denn sie dient der Ganzheit. Ob dieses „Ganz-gesund-Werden" die Verbindungen mit der Natur, den Planeten, dem Universum, dem großen Ganzen, der Aussöhnung mit der Gesellschaft oder der Wiedervereinigung von Familien dient, es ist immer in ihrem Sinn, zur Vervollkommnung des Ganzen beizutragen. Man könnte sie mit einem guten Engel vergleichen, der die Wünsche anderer erfüllt und für andere da ist, ohne sich dabei zu verändern oder aufzugeben, denn sie handelt in und aus Liebe. Sie wird gerne und oft all jenen helfen, die sie um Rat und Beistand bitten. Der Heilerin bedeutet diese Art des Dienens mehr als alles andere auf der Welt und sie zieht daraus ihren Sinn und ihre tiefe Befriedigung. Sie feiert ihr Leben durch das Dienen. Wem immer sie sich auch anschließt und hilft, sie sollte darauf achten, dass ihre Freude nicht versiegt. Gemeinschaften oder Institutionen können sie und ihre Liebesfähigkeiten sonst ausnützen. Deshalb ist es für diese Frau besonders wichtig, „Nein" zu sagen, damit ihre persönlichen Grenzen gewahrt bleiben. Oft ist sie durch die Heilung eigener Verwundungen zur Heilkunst gekommen.

Das Bereichernde an der Erfahrung und Integration der Frauentypen ist, dass jede Frau einem anderen Typ angehört und damit eine ganz besondere Aufgabe im Pantheon der Weiblichkeit verkörpert. Und durch die eigene Geschichte erhält sie nochmals eine einmalige besondere Färbung, die mit keiner anderen Frau auf der Welt verwechselt werden kann oder vergleichbar ist. Diese Einmaligkeit in einer totalen Verbundenheit ist ein Netz der Weiblichkeit, das es wiederzubeleben gilt. Die gegenseitige Unterstützung von Frau zu Frau, die daraus resultieren könnte, wäre ein wunderbarer Meilenstein in der Geschichte der Frau. Denn die Verbundenheit, die sich daraus ergibt, dass wir alle Teil des großen Weiblichen sind (und die besonderen Fähigkeiten, die jede Frau zu einer besonderen Frau machen), wird ein Frauennetzwerk schaffen, das sich synergetisch und kreativ auf alle Bereiche des Lebens auswirkt.

Die Mutter besitzt Eigenschaften, die in jedem dieser Frauentypen vorkommen können. Sie ist Frauenarchetypen-übergreifend, denn sorgen, pflegen, hegen, gebären, tragen, nähren, versorgen sind Eigenschaften, die allen Frauentypen wohl bekannt sind. Die Muttereigenschaften durchziehen und durchwirken alle fraulichen Archetypen. So wird eine Kriegerinnenmutter die Tochter zum Judo-Kurs anmelden und sie auf Protestmärsche mitnehmen, und für die Künstlermutter ist es wichtig, dass die Kinder besonders begabt sind im Malen oder im Geschichtenschreiben, und sie wird ihnen zu Fasching vielleicht selbst ein Kostüm nähen. Die Lehrerin als Mutter wird ihren Kindern alles erklären wollen und die Priesterin wird sie vielleicht in den sonntäglichen Gottesdienst mitschleppen oder nach Lourdes oder Medjugorje. Die Königin könnte ihre Kinder im Haushalt oder in der eigenen Firma zur Mitarbeit einteilen und die Heilerin könnte keine eigenen Kinder haben, denn sie will einer Gemeinschaft oder der Menschheit dienen. In ihnen allen sind die Mutterqualitäten erhalten und obendrein noch die Eigenschaften des Archetyps.

2.4 Frauenzeiten

Wenn die Frau beginnt, sich mit ihrer „inneren Mutter" zu versöhnen und sich mit ihren Talenten und Fähigkeiten zu befassen, statt mit den Seiten, die ihr fehlen und die sie gerne besäße, dann geschieht langsam eine Veränderung. Mit ihrer neuen Sichtweise wird sie vor allem ihre bisherigen Beziehungen genauer unter die Lupe nehmen und versuchen herauszufinden, welche Beziehungen ihr wirklich guttun – und diese nähren – und welche sie besser aufgeben sollte. Die Fragen nach Selbstbestätigung, Identitätsfindung, erfüllten Beziehungen und Anerkennung werden deutlicher und leichter formulierbar.

In dieser Phase der Veränderung ist die Gesellschaft anderer Frauen unverzichtbar. Die meisten Frauen haben in diesen Zeiten mindestens eine gute Freundin. Die gemeinsame Zeit, die sie miteinander verbringen, ist dabei das, was zählt. Es geht hier um die Qualität des Zusammenseins: Die Frau braucht eine andere Frau (oder andere Frauen), um sich zu entdecken. Kein Mann kann ihr das ersetzen, was sie von einer anderen Frau bekommt.

Dabei gibt es viele Möglichkeiten der Unterstützung: Es gibt die Freundinnen, es gibt die Gesellschaft von anderen Frauen bei der Arbeit oder in verschiedenen Hilfsorganisationen oder Selbsterfahrungsgruppen. Es gibt Therapien und Therapeutinnen, selbst organisierte Frauengruppen oder Schulungen und Kurse, in denen weibliche Kunstfertigkeiten gelehrt werden, oder auch eine Kombination von mehreren dieser Möglichkeiten. Alle haben sie eines gemeinsam: Die Frau nimmt sich im

Beisein von anderen Frauen Zeit für sich. So kann auch
der Besuch beim Frisör oder bei der Kosmetikerin, eine
Stunde im Beauty-Salon oder bei der Massage zu einem
Frauentreff werden, bei dem man neue Rezepte für die
Küche oder die Schönheit und viele andere Ratschläge
und Geschichten miteinander teilt.

Unter mehreren Freundinnen wird man wahrschein-
lich für verschiedene Bedürfnisse je eine spezielle Freundin haben: So kann man mit einer in die Sauna gehen und
mit einer anderen die Studiengruppe besuchen und mit
der dritten wiederum zum Astrologieabend gehen oder
durch die Kneipen schlendern – mit jeder kann man sich
anders und über unterschiedliche Themen unterhalten,
die alle wichtig und interessant sind. Vielleicht gibt es
auch eine sehr gute Freundin, mit der man sich besser
als mit den anderen versteht, die man lieber mag, sie vielleicht sogar bewundert und besonders achtet, weil man
sich bei ihr besser aufgehoben oder verstanden fühlt:

„Als beste Freundin wird die verlässlichste bezeich-
net, in der Beziehung zu ihr sind am wenigsten Vertrau-
ensbrüche vorgekommen. ... sie scheint diejenige zu
sein, die einem im Moment besonders guttut und die
Lebensbedürfnisse oder die Entwicklungsbedürfnisse,
die man hat, am besten abdeckt, oder die am ehesten
bestimmte Fähigkeiten und Seiten in einem zu wecken
oder zu stimulieren vermag."[36]

Therapeutinnen können diese beste Freundin zeit-
weise ersetzen oder besser gesagt „als eine gute Freundin

herhalten", aber auch weibliche Arbeitgeber oder Vorgesetzte können in manchen Fällen diese Funktion übernehmen, allerdings nur für eine gewisse Zeit, denn dies ist eigentlich nicht deren Rolle. Nähe zu Weiblichkeit und Freundschaft lassen sich auch in der Freizeit finden, etwa bei ehrenamtlichen Tätigkeiten.

Ich selbst habe vor zehn Jahren mit zwei Frauen einen Frauenkreis gegründet, der sich über die Jahre immer wieder getroffen hat. Dieser Frauenkreis zählte in manchen Zeiten bis zu acht Gefährtinnen, manchmal mehr oder auch weniger ... Mal trafen wir uns ein Jahr lang einmal pro Woche, dann wieder gab es kürzere oder längere Pausen von einigen Monaten und die letzte von einem Jahr. Aber all diese intensiven Treffen haben sehr zur persönlichen Stärkung jeder einzelnen Frau beigetragen. Bei diesen Treffen ging es um so ziemlich alles, was man sich unter Frauenthemen vorstellen kann. Auch nach den langen Pausen gab es oft einen guten Neuanfang mit viel Fürsorge und einem starken Bedürfnis nach wirklichem gegenseitigem Nähren und Verstehen. An den vielen Abenden, in denen wir uns in den Jahren trafen, haben wir uns massiert, lange diskutiert, Tarotkarten gelegt, gespielt, Körperpeelings gemacht, meditiert, getanzt und gelacht, gezankt und geweint. Eben alles, was unter Frauen einfach geht, was einfach und leicht möglich ist und vor allem alles, was uns Spaß gemacht hat.

Ich hätte mir nie vorstellen können, dass es sich anders anfühlt, unter Frauen zu sein. Man kann einfach so sein, wie man ist. Kein Verstellen, kein Vortäuschen, kein „So sein als ob". Fragen wie „Was ist richtig?", „Was ist weiblich?" kamen gar nie auf. Es kam schon mal vor, dass die Stimmung unserer Treffen eher einem Geheimbund als einem offenen Frauenabend ähnelten. Die Zusammensetzung wechselte oft, weil eine wegzog oder eine andere mehr Abstand brauchte oder mit den aktuellen Themen nichts anfangen konnte. Und auch das war möglich, weil es den anderen ähnlich erging oder sie es gut verstehen konnten. Solche selbst organisierten Frauenabende sind wunderbar, um bei allen Frauenthemen Rückhalt und Stabilität oder einfach Auseinandersetzung und neue Ansätze zur Reflektion zu finden. Viele haben gemerkt, wie schön es doch sein kann, Frau zu sein, und wie erholsam es ist, sich mit anderen Frauen über alles Mögliche zu unterhalten, das in Männerkreisen oft als „belanglos" betrachtet wird.

2.5 Co-Kreation – Eine Art des Gebärens

Die Kraft, die die Frau aus ihrer Identität zieht, ist bemerkenswert und steigert sich in dem Maße, in dem sie sich für ihre authentische Weiblichkeit einsetzt und ihr Ausdruck verleiht. Jede Frau gebiert, kreiert, bringt etwas Neues in diese Welt und bereichert sie dadurch. Ob es sich um menschliche Gerechtigkeit handelt, für die sich die Kriegerin einsetzt, um verheilende Wunden, wenn die

Heilerin wirkt, um das neue Rezeptbuch der Künstlerin – die Fähigkeit des Schaffens und des Kreierens ist allen Frauen in die Wiege gelegt und bewegt und durchwirkt alle zuvor beschriebenen Frauentypen. So sind auch die Themen, die mit dem Gebären verbunden sind, allen Frauen bekannt. Solche Geburtsthemen können sein:

- Was will ich gebären? Ein Kind, ein Haus, eine neue Arbeit, ein Buch, mich selbst?
- Wie oder mit wem will ich es gebären? Allein, zu zweit, in einer Gruppe?
- Will ich es in meine Arbeit einbringen, in die Familie, in meine Freizeit?

Wenn wir das Kreieren und Gebären eines Kindes als unsere freie Entscheidung ansehen, dann kann es uns nie wirklich zur Last werden, wie viele Mütter es von Zeit zu Zeit empfinden. Ein Kind wird nur dann für eine Mutter zur Last, wenn die Mutter sich nicht wirklich für das Kind entschieden hat. Dies gilt ebenfalls für alle anderen Projekte, die die Frau gebären möchte. Es lastet ein fürchterlicher Druck auf der ganzen Familie, wenn die Mutter fremdbestimmt ist. Das Selbstwertgefühl einer Frau darf nicht vom Kind abhängen.

Frauen beginnen, ihren Wert unabhängig von ihren Kindern zu erkennen. Sie denken kreativer und gönnen ihren Kindern die Freiheit, die diese brauchen – und die sie selbst genauso brauchen.

Über die Themen des Gebärens bauen wir Brücken zu Frauen, die uns von ihrer sozialen, politischen oder kulturellen Herkunft her völlig fremd sind. Solche „Brückenbauerinnen" verbinden getrennte Welten miteinander: durch Informationsaustausch, als Ärztinnen an der Front, als Missionarinnen, Politikerinnen oder als Schamanin und Heilerin.

In den mittleren Lebensjahren, in den Vierzigern, kommt keine Frau um diese Aufgabe des Brückenbauens herum, sei es, weil die leiblichen Kinder schon aus dem Haus sind oder weil sie die Früchte ihrer Kreationen auf andere Art erntet. Die Frage „Was nun?", die Themen „Frau in der Welt" und „Frau für die Welt" werden sich in irgendeiner Form in dieser Phase sichtbar machen.

Das Gebären an sich hat viele Facetten und jede Geburt spiegelt die ganze Frau in all ihrer Kraft wieder. Das Empfangen ist rezeptiv, das Gebären aktiv. Oft tauchen während, vor allem aber vor der Geburt Zweifel auf. Solche Zweifel hemmen und blockieren uns und unsere Handlungen. Wenn dir während der Geburtsphase eines Projektes Zweifel kommen, kannst du dich fragen: „Was stimmt nicht mehr? Was muss verändert werden? Was muss ich ändern, um weitergehen zu können?"

Sexualität

Eine Geburt setzt eine Zeugung voraus und diese braucht den männlichen Samen, damit Leben erst entstehen kann. Keine Geburt kommt ohne männlichen Samen

oder Energie zustande. Die Sehnsucht nach einer Vereinigung mit dem Männlichen treibt uns oft dazu, Dinge
zu tun, die wir in bewussten Momenten nicht für möglich
halten würden.

Sexualität ist eine Form, wie wir diese Sehnsucht
einige Momente lang überwinden können. Die Anzie-
hungskraft zwischen Frau und Mann steht am Beginn
jeder menschenmöglichen Kreation. Somit ist Sexualität und die mit ihr verbundene Energie mitunter auch ein
gutes Spiegelbild dafür, wie wir uns selbst gebären und
wie wir durch unsere Geburten die Welt mitgestalten. Die
freie Sexualität, an die wir hier denken oder die wir uns
im sexuellen Akt wünschen, ist eine innere Freiheit, die
uns nichts und niemand geben oder nehmen kann. Durch
diese innere Haltung der Freiheit kann auch der kreative
Akt frei und unabhängig werden.

Sexualität ist das Intimste, was wir mit einer anderen Person teilen können und damit auch der Moment,
in dem wir niemandem mehr etwas vormachen können, sondern genau so sind, wie wir sind. Sie ist so viel-
schichtig und konkret zugleich, dass wir selten das ganze
Spektrum dessen erfassen können, was in diesen intimen
Momenten abläuft, auch wenn wir noch so aufmerksam und körperlich präsent sind. Der Höhepunkt oder
Orgasmus formt unsere Kreationen und gibt ihnen eine
ganz besondere Note. In der Sexualität spiegelt sich die
Kreation unserer eigenen Existenz. Tiefgründig ist sie,
weil wir direkt aus ihr entstanden sind. Konkret, weil sie

uns immer in das „Hier und Jetzt" katapultiert und uns damit unweigerlich ganz mit uns selbst in Verbindung bringt. Diese Verbindung ist die stille Voraussetzung für die Bewusstwerdung unserer Kreationen. Die Sexualität kann man auch als Brennstoff für die Verwirklichung der Kreationen ansehen. Und es wird immer wichtiger, dass jede Frau sich bewusst wird, dass „alles aus der Frau geboren ist".[37]

Abtreibungen

So wie jedes Kind eine pränatale Zeit im Schoß der Mutter verbringt, so hat auch jedes Projekt und jede neue Idee, die in die Welt gesetzt werden, seine ganz individuelle Zeit, um geboren und sichtbar zu werden. Frühgeburten haben immer einen etwas schwereren Start und die Sorgen der Mutter, ob das Kind überlebt, sind groß. Auch Abtreibungen und die bewusste Entscheidung, ein Kind, ein Projekt oder sich selbst nicht zu gebären, sind wichtige Momente im Leben einer Frau. In diesem Fall wird zum Leben Nein gesagt – und das bedeutet immer den Tod. Viele Frauen kommen über solche Entscheidungen nicht hinweg, machen sich später Vorwürfe und leiden unter Schuldgefühlen. Das muss nicht sein: Abtreibungen hat es immer gegeben und es wird sie immer geben. Sie sind eines der natürlichen Gegenstücke zum Leben. Wenn wir den Tod ausklammern wollen, werden wir zum Leben nicht völlig Ja sagen können. Es ist wie das klare „Ja", das vorher ein gespürtes „Nein" erfahren muss, damit man sich diesem „Ja" völlig bewusst sein kann. So ist es auch mit dem Leben und Tod.

Abtreibungen können verschiedener Art sein, die meisten geschehen allerdings unbemerkt: Jedes achte befruchtete Ei, das sich auch tatsächlich im Uterus der Frau einnistet, hat ein zweites befruchtetes Ei, einen Zwilling, der in der allerersten Zeit abstirbt.[38] In diesen Fällen stirbt nicht nur das befruchtete Ei, sondern man weiß inzwischen, dass auch in der Mutter etwas stirbt und dass das überlebende Ei diese Erfahrung des Verlustes eines „Weggefährten" gespeichert hat.

Was ist das, was stirbt? Für die Mutter kann es die Zeit und die Aufmerksamkeit für sich selbst sein oder ein Wohnortwechsel, ein Traum von einer Karriere. Aber es kann auch ein Studium, ein Reise, ein neues Auto sein, das auf der Strecke bleibt – zugunsten der Familienplanung oder anderer Projekte. Die Fragen „Was will ich wirklich? Was ist mir wichtig und was will ich, weil andere es von mir wollen?" kommen gewollt oder ungewollt wieder zur Sprache. Die Auswahl wird nicht selten zur Qual.

Abtreibung hat auch viel mit Entscheidung zu tun. Was wähle ich, und was wähle ich nicht und lasse es sein? Nein sagen zu können, ist nicht immer einfach, wird aber leichter durch die Tatsache, dass das Nein zu etwas auch ein Ja zu etwas anderem bedeutet. Wenn ich das Nein bewusst erleben kann, gewinnt das Ja an Stärke und an Kraft. Das Leben wird wieder lebendig und die Lebenslust erwacht. Deshalb ist das Nein genauso wichtig. Es gehört zum Leben. Abtreibungen sind keine Tragödie, die wahre Tragödie ist, dass wir uns keine Zeit nehmen, um über sie und den Schmerz zu klagen und zu weinen, und sie müssen nicht in einem Gefühlsdrama enden.

Was immer du in deinem Leben nicht geboren hast, kannst du auf einer Liste festhalten. Das können die verschiedensten Dinge sein:

- kein zweites, drittes oder viertes Kind bekommen,
- kein Studium begonnen, das Studium/Prüfung nicht abgeschlossen, die Fortbildung nicht besucht,
- die Reise nicht gebucht, die Flugtickets nicht gekauft, die Reise abgesagt,
- die Schuhe nicht gekauft, das Kleid nicht nähen lassen,
- das Gedicht nicht geschrieben, das Gespräch abgesagt,
- den Kuss nicht gegeben, die heiße Liebesnacht nicht gewagt ...

Und für all diese Neins in deinem Leben gibt es gute Gründe, die du dir gleich daneben auflisten kannst. Welche deiner Kinder/Projekte hast du nur auf die Seite geschoben und willst sie später noch in die Welt setzen? Und von welchen willst du dich verabschieden? Es gibt viele Möglichkeiten, sich von nicht geborenen und nicht gelebten Dingen zu verabschieden. Du kannst das Abschiedsritual aus dem vorherigen Kapitel durchführen oder ein eigenes erfinden. Wichtig ist auch, die Gefühle wieder zum Ausdruck zu bringen, die oft mit der nicht gelebten Trauer um Abtreibungen und nicht gelebte Seiten deines Selbst verstummt sind, damit die emotionale Integrität wieder gesichert ist.

Wechseljahre

Wenn dieses Thema nicht schon früher zur Sprache gekommen ist, so wird es sich spätestens in den Wechseljahren oder um die Lebensmitte von selbst präsentieren. Dann jedoch oft mit mehr Nachdruck. So schreibt mir eine Freundin:

„Die Wechseljahre sind Jahre des Herzens, und alle Gefühle, die wenig oder gar nicht ausgelebt worden sind, tauchen an die Oberfläche und wollen Beachtung. Der Körper präsentiert die Quittung vergangenen Nichtbeachtens. Es ist der Schritt in einen neuen, den dritten Lebensabschnitt und an der Schwelle steht die Abrechnung mit allem, was nicht wirklich erledigt worden ist. Es geht um Wahrheit, Aufrichtigkeit und das Fallenlassen der Hüllen und Masken, mit denen bis dahin noch ein bisschen vertuscht werden konnte, was Frau noch nicht so genau hat anschauen wollen."[39]

Dass die Wechseljahre die Quittung der Lebensführung präsentieren, habe ich jetzt schon oft gehört, gesehen oder miterlebt. Es ist auch die Zeit der Visionen für die Zukunft, die beste Zeit, um neue Wege zu entwickeln und neue Wege zu beschreiten, um ein Vorbild zu werden für die nachkommenden Generationen von Frauen. Die Lebenserwartung steigt zunehmend, es wird immer mehr ältere Frauen geben und der Prozentsatz der Erwerbstätigen in der Gesamtbevölkerung nimmt langsam, aber sicher ab.[40]

Die Frau ist heute mehr denn je damit konfrontiert, sich ein angenehmes Älterwerden zu ermöglichen. Es ist auch eine Chance, sich neu zu definieren und Vorreiterin für die zukünftigen Generationen zu werden. Vorbilder von reifen, zufriedenen, wohlwollend blickenden Frauen sind schon vereinzelt zu finden. Frauen, die mit zunehmendem Alter ihre Falten und weißen Haare genauso sicher tragen wie einst den Minirock, die die Reife und die Weisheit genießen und sich ihren jugendlichen Geist bewahren. Dass Altern nicht nur senil und krank sein bedeutet, beweisen die „neuen reifen Damen" auch durch ihre innere Freiheit. Die Gedanken und mentalen Muster halten sie nicht länger zurück, alle Dinge beim Namen zu nennen. Das authentische Selbst fordert in dieser Zeit seine Lebenskraft zurück wie nie zuvor und gebiert die Frau daraufhin in ihre eigene Freiheit.

Diese Zeit beinhaltet aber auch die noch verschollenen Träume und die noch wach zu tanzenden Sehnsüchte sowie die Kraft, diese zu verwirklichen. Die Kraft, die durch die Hitze entsteht, die alles hinwegfegt und verbrennt und die einer Kundalinierfahrung ähnlich ist, ist genau die Kraft, die es braucht, um die wahren Wünsche der Frau zu verwirklichen und zu verteidigen. So ist es nichts Ungewöhnliches, dass innere Freude und Zufriedenheit sich erst im Alter entfalten und zur Vervollkommnung gelangen. Das Leben könnte ab diesem Zeitpunkt zu einem wahren Fest werden, denn die gedanklichen Einschränkungen sind mit einmal durch die Kraft der Hitze, die sich im Körper erhebt, förmlich verbrannt. Jetzt beginnt die geistige co-kreative Zeit.

Wenn bis dahin die Menstruation dem Gebären auf körperliche Weise Ausdruck verliehen hat, so sind die Wechseljahre das Zeichen für den nächsten Abschnitt: co-kreativ für die Welt zu werden. Die Schönheit, die hier in jeder Frau erstrahlt, ist Frucht der Zufriedenheit darüber, etwas Gutes für die Welt getan zu haben.

Imagination

Imagination ist eine Fähigkeit, über die alle Frauen verfügen. Mithilfe der Imagination kreieren wir bereits ein bestimmtes Energiefeld. Imagination ist der erste Schritt zur Kreation. Wie würde die Welt aussehen, wenn die Arbeitswelt und das soziale Umfeld mehr auf Frauen und ihre Bedürfnisse eingehen würde? Wie würde die Welt von morgen aussehen, wenn Mutter und Kind ohne Geldsorgen die ersten drei Jahre miteinander verbringen könnten? Wie würde eine Welt aussehen, in der sich die Frauen ab 49 Jahren stärker für die Welt einsetzen könnten? Wie würde die Welt von morgen aussehen, wenn die Kinder mit einer guten Basis an Körperbewusstsein aufwachsen und darin unterrichtet würden – von Personen, die über das reine Lehrthema hinaus auch über Gruppendynamik und Kommunikation Bescheid wissen? Wie würde sich die Welt ändern, wenn die Frau andere Bedingungen in der Arbeitswelt vorfände, weil sie für ihre fraulichen Fähigkeiten Anerkennung und Entlohnung bekäme? Wie würde die Welt aussehen, wenn Frauen alle Manipulationen, die mit ihnen und ihrem Körper geschehen, ablehnen würden, weil sie ihren Körper so annehmen könnten, wie er ist? Wie würde sich die Wirtschaft verändern, würden Frauen nur noch Produkte kaufen, die ethisch vertretbar sind? Wie würde die Welt sein, wenn alle Frauen begännen, jeden Morgen eine Minute lang Liebe zu senden, noch bevor sie aufstehen?

Es würde eine ständige Liebeswelle um die ganze Erde gehen! Liebe verändert!

Kontaktfreudigkeit, soziales Engagement, Gruppenbewusstsein, vernetztes Denken, Natur- und Umweltschutz, Verantwortungsgefühl und Mitmenschlichkeit sind nur einige Themen, denen wir Frauen unbedingt einen hohen Stellenwert einräumen müssen. Auch die Intuition, eine wichtige weibliche Begabung, die eigentlich mit uns wächst, je mehr wir sie nutzen, verkümmert zusehends und taucht leider immer seltener auf.

Träume

Träumen ist der erste Schritt zu einer neuen Wirklichkeit. Alle Kreationen beginnen mit einem Traum, der sich seinen Weg in die Realität bahnt. Wenn du nicht schon ein Tagebuch schreibst, in dem du auch deine Träume notierst, dann beginne jetzt damit. So wird es für dich wesentlich leichter werden, die eigenen Traumsymbole zu entschlüsseln und zu verwenden. Mit der Zeit wirst du dich immer besser an deine Träume erinnern können.

Teil 3:
Mutter für die Welt

3.1 Die Große Mutter

Die Große Mutter ist gleichzeitig auch das Große Weibliche: Alles ist aus ihr geboren, alles kommt aus dem Großen Weiblichen – aus dem großen göttlichen Weiblichen. Jede Frau hat durch ihren Uterus, ihre Eierstöcke und alle Organe, die sie zum Gebären braucht, die Möglichkeit, sich mit dieser Großen Weiblichkeit zu verbinden. Jede „neue" weise Frau ist wie ein Same in der Wiege der Großen Mutter.

Die Ausmaße des Großen Weiblichen sind mit unseren Sinnen gar nicht erkennbar. Wir können sie erahnen, in Metaphern beschreiben, in Geschichten verpacken oder ihr sogar eine menschliche Gestalt verleihen, aber ihre wirkliche Substanz werden wir nie richtig ausdrücken können. Unsere Worte klingen wie Verstümmelungen, wollten wir sie beschreiben.

In Ritualen, in speziellen Zusammenkünften oder in Phasen länger andauernder Zurückgezogenheit lässt sich ihre mächtige Präsenz erkennen, doch nicht fassen. Ihre wunderbare Gegenwart spüren wir bei christlichen

Litaneien zu Ehren der Mutter Gottes und an allen Plätzen, an denen Maria verehrt wird. Die vielen Namen Marias erinnern uns daran, dass die Große Mutter alles in sich enthält:

„Mater castissima, ora pro nobis! – Bitte für uns! Heilige Maria, heilige Gottesgebärerin, heilige Jungfrau der Jungfrauen, Mutter der göttlichen Gnade, liebenswürdige Mutter, wunderbare Mutter, Mutter des guten Rates, Mutter von Golgatha, von der Sonne umstrahlt, mit Sternen bekränzt, mächtige Jungfrau, gütige Jungfrau, Du Spiegel der Gerechtigkeit, Sitz der Weisheit, ehrwürdiges Gefäß, geheimnisvolle Rose, Turm Davids, elfenbeinener Turm, goldenes Haus, Arche des Bundes, Pforte des Himmels, Morgenstern, Meeresstern, Du Freude Israels, Ruhm Jerusalems, Heil der Kranken, Zuflucht der Sünder, Trösterin der Betrübten, Hilfe der Christen, Du Königin der Engel, Königin der Patriarchen, Königin der Propheten, Königin der Apostel, Königin der Märtyrer, Du Königin aller Heiligen, Königin in den Himmel aufgenommen, Du Königin des heiligen Rosenkranzes, Du Königin der Familie, du Königin des Friedens, Königin des himmlischen Jerusalems ... Bitte für uns, bitte für uns, bitte für uns ...".[41]

Die große Mutter ist schlicht und einfach allgegenwärtig in allem, was Materie ausmacht – in jeder Pflanze und in jedem Stein. Die Urenergie der Weiblichkeit ist roh und chaotisch. Chaotisch, weil wir sie nicht fassen können, dabei geht es in diesem Chaos eigentlich wun-

derbar geordnet zu. Es ist pures Leben, reine Lebensenergie, die sich in Materie verwandelt hat.

In allen Religionen hat das Große Weibliche seinen
besonderen Platz. Ob als Mutter eines Heilands und
Messias, als Beschützerin aller Armen und Notleidenden
oder als leise Randfigur neben einem Propheten, als seine
Geliebte oder Begleiterin – in jeder Religion gibt es die
„Mutter". Sie ist barmherzig und gütig und nimmt sich der
Probleme, Nöte und Leiden der Welt an. Doch wenn es die
Umstände fordern, kann sie auch richtig wütend werden.

Drei-Teilung

Dieses eine Große Weibliche bleibt und ist immer eins,
auch wenn die drei ursprünglichen Eigenschaften

- des Seins und Gewährens,
- des Vereinigens und Kreierens und
- des sich Wehrens und Schützens

aufgeteilt wurden in drei Kategorien, um uns den Zugang
zu erleichtern:

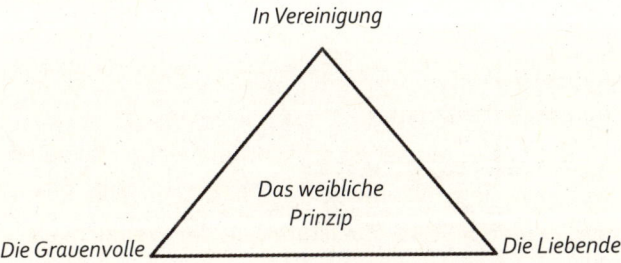

Die Grauenvolle, die Liebende, die in Vereinigung

Die drei großen Mutterqualitäten lassen sich fast überall
finden. In der christlichen Tradition bezieht sich die Vereinigung auf die der Mutter und ihren Sohn Jesus, denn
die Bilder zeigen uns immer die Mutter mit dem Kind. Nie
werden in einem kirchlichen Kontext Mutter und Vater
– Maria mit Gottvater – in Vereinigung abgebildet. Nur
in der Verehrung der schwarzen Madonna hat sich ein
Rest von dem dunklen, archaischen Teil erhalten, und die
barmherzige Mutter, häufig auch mit blutendem Herzen,
gilt als höchst verehrungswürdig.

Die liebende göttliche Mutter

In anderen Religionen, wie im Hinduismus und Buddhismus, gibt es ebenfalls Zeugnisse einer Dreiteilung.

Die liebende Mutter ist die barmherzige, alles akzeptierende, die Trost spendende.

Sie ist jederzeit bereit zuzuhören, sie ist immer für die Nöte aller Menschen da und jederzeit bereit, zu verzeihen. Sie ist gütig, ihr Mitgefühl begleitet sie immer und überall. Sie ist der Inbegriff der Liebe und des ewigen liebenden Seins. Sie weiß um die Bedrängnisse und Schmerzen der Menschen und nimmt sich ihrer an. Sie ist friedvoll. Ihre Farben sind das strahlende Blau des Himmels, das Gold der Sterne und das Gelb der Sonne. Weiß trägt sie als Zeichen des Lichtes.

Die Mutter in Vereinigung ist die Geliebte, sie vereinigt sich mit dem Mann, um die Welt sichtbar zu machen: Um alles, was „ist", zu gebären und es damit erkennbar zu machen.

Sie verleiht allem einen Ausdruck und durch das Wort eine Bedeutung. Sie ist die Aktive, die Produzierende – die Frau der Tat. Sie ist die Kreative, die darum weiß, dass alles aus dem Weiblichen geboren ist, aber auch, dass nichts ohne den Samen des Mannes entstehen kann. Das tiefe Bewusstsein darüber, ein Teil von einer größeren Einheit zu sein, ruft eine unaussprechliche Sehnsucht und Nostalgie hervor, die sich nach Ganzheit sehnt.

Die Mutter in Vereinigung

Sie kennt die Offenheit einer großen Nähe und die
Sehnsucht nach Vereinigung. Sie ist sinnlich, ihre Bewe-
gungen sind fließend und geschmeidig. Freude ist ihr
Ausdruck. Sie liebt sich selbst, das Männliche und findet
Freude an ihren Kreationen. Ihre Farbe ist rot: von dun-
kelrot über purpurn und magenta, rot bis zum hellrosa.

Die grauenvolle Mutter

Die grauenvolle Mutter ist die böse Mutter, diejenige, die kein Blatt vor den Mund nimmt und alles beim Namen nennt, die gerne asketischen Wegen folgt und hungert, die die Einsamkeit liebt.

Wenn sie essen will, jagt sie in den Wäldern, baut sich ihr Gemüse selber an und lebt von Kräutern, die sie sammelt. Wenn sie allein sein will, scheucht sie ihre Mitmenschen davon; sie lacht schallend, wenn ihr danach ist, und spiegelt in allem die rohe und unbändige Kraft und Gewalt wider, die das Weibliche in sich hat. Sie kann sich so wild bewegen, dass man das Weite sucht, auch wenn sie tanzt. Ihre Bewegungen sind nicht immer harmonisch, sondern oft unberechenbar und chaotisch. Ihre rohe Kraft erinnert immer an Gewalt und Wut, und diese Wut entzündet sich in ihr sehr schnell.

Ihre Aggressivität ist rein, weil sie aus einer großen Bewusstheit und Erkenntnis heraus entspringt. Farben, die mit ihr verbunden werden, sind das Schwarz und das Dunkelblau der Nacht.

Alle drei Energien wirken in das Leben der Frau hinein. Jede Frau spürt sich mehr von dem einen oder dem anderen Teil der Großen Mutter durchwirkt, denn es ist fast unmöglich, alle Teile in gleichem Maße in einem Leben zu erfahren. Für die eine Frau dominiert in ihrem Leben die grausame Seite, für die andere die barmherzige. Je nach der Färbung, die sie braucht und die sie am besten bei dem, was sie sich für dieses Leben vorgenommen hat, unterstützen kann. Was auch immer in ihrem Leben mehr zur Geltung kommt – wenn sie um die Energie der Großen Mutter, an der sie teilhat, weiß, dann kann sie bestmöglich zu einer globalen Weiblichkeit mit beitragen, indem sie genau diese Qualitäten in ganz alltägliche Dinge einfließen lässt.

Erfahrung von Einheit

Es fällt relativ leicht, sich dieses Konzept gedanklich vorzustellen, denn im Grunde wissen wir, dass jede Frau überall und jederzeit religiöse Verbundenheit erfahren kann. Im Alltag sieht es jedoch anders aus:

- Welche Praktiken soll ich wählen?
- Welchem Meister oder welcher Meisterin folgen? Wenn ja, wie lange?
- Soll ich überhaupt jemandem folgen?
- Welcher Weg ist der richtige für mich?

Diese Fragen und die unüberschaubare Anzahl der Möglichkeiten können Depression und Verzweiflung hervorrufen oder auch zu einer unbändigen Gottessehnsucht führen.

Erfahrungen des „Völlig-eins-Seins" sind nichts Ungewöhnliches und geschehen ständig; es hängt von unserem Bewusstsein ab, ob wir sie überhaupt wahrnehmen und welche Auswirkungen sie auf unser Leben haben.

So kann das Ereignis solcher Einheitserfahrungen viel Zeit und Geduld in Anspruch nehmen oder aber auch ein ganz simpler Moment sein, dem man keine besondere Bedeutung beimisst. Wie auch immer sich diese Erfahrungen zeigen, Integration ist dabei notwendig. Diese gelingt am besten mithilfe guter Begleiter, die bereits eigene Erfahrungen gesammelt haben.

In diesen Bereichen des Transpersonalen gilt es, einige Missverständnisse aus dem Weg zu räumen: So sind die pränatalen Erfahrungen, die man durch Rückführungen erfährt, nicht mit den mystischen oder spirituellen gleichzusetzen. Sie unterscheiden sich wesentlich durch die Größe des Bewusstseinsfeldes, das bei pränatalen Erfahrungen in die eigene Tiefe geht und die Umgebung nicht mehr so bewusst wahrnimmt wie in transpersonalen Erfahrungen.

In diesem Sinne möchte ich auch der Emphase widersprechen, die im Ausdruck: „Werdet wieder wie die Kinder" zu finden ist. In transpersonalen Bereichen geht es darum, das Ego und seine Machenschaften zu transformieren und nicht unverantwortlich, kindlich oder ego-los zu werden. Eine der Anweisungen von Chuang Tsu lautet: „Sei aller Dinge bewusst, die sind, und ruhe im Unendlichen."[42]

Auch um den Unterschied zwischen weiblicher, alles durchdringender Energie, und männlicher sowie der darüber liegenden Ebene zu sehen, ist es gut, jemanden zu haben, der einen auf dem Weg begleitet. Die Erkenntnisse daraus sind oft wegweisend für die eigene Zukunft und durchtränkt von einer inneren Klarheit. Der Geist braucht allerdings eine gewisse Zeit der Ruhe, um die neuen Sichtweisen zu ordnen und alte zu überwinden. Plötzliche Einheitserfahrungen sind vergleichbar mit einer Wasserflasche, die zur Hälfte mit Sand gefüllt ist und die geschüttelt und gerüttelt wird und danach Ruhe braucht, damit das Wasser seine Klarheit wieder erhält.

Respekt vor der Weiblichkeit

Wenn wir die Mutter in ihrer Dreifaltigkeit betrachten, können wir die Wichtigkeit eines jeden ihrer Aspekte erkennen und würdigen. Der Respekt, welcher der Großen Mutter oft verwehrt wird, ist der gleiche Respekt, der den Frauen in unserer heutigen Zeit fehlt. Die Große Mutter ist für jede Frau ein unfehlbarer Spiegel, in dem sie erblicken kann, wie es um ihre eigene Weiblichkeit bestellt ist.

Der fehlende Respekt der Frau gegenüber kann sich auch darin bemerkbar machen, dass die grauenvollen Aspekte der Mutter wieder vermehrt in den Vordergrund treten, denn auch diese verlangen Gehör und Anerkennung. Ihre Grenzen und Kreationen zu respektieren, ist wichtiger geworden denn je. Und die Schranken, in die sie uns verweist, sollten wir besser achten, wenn wir mit ihr auskommen wollen.

Die Tatsache, dass jede Frau mit jeder anderen Frau auf dieser Welt auf dieser Ebene von Weiblichkeit verbunden ist, bedeutet auch, Teil der Großen Mutter zu sein. Als Konsequenz daraus sollten alle Frauen auf der ganzen Welt unterstützt werden, auf dass das Weibliche gewürdigt wird und es wieder Sein und Leben kreieren kann. Ob es sich um die Unterdrückung der Frauen und ihrer Weiblichkeit durch die Religion oder durch politische Systeme handelt, wie in den arabischen Ländern oder China: Alle sitzen im selben Boot der Weiblichkeit.

Hier in Europa können wir uns noch glücklich schätzen, denn als Frau haben wir gute Voraussetzungen, was den Respekt vor der Weiblichkeit anbelangt, aber immer noch sind wirklich „freie" Frauen in der Minderheit. Die Unterdrückung des Weiblichen ist überall in der Welt spürbar. Ein guter Anfang ist gemacht, wenn wir uns untereinander informieren und austauschen, aber um wirklich Respekt zu bekommen, gibt es noch viel zu tun. Wenn wir die großen Weltreligionen betrachten, dann ist die Weiblichkeit zwar überall darin versteckt, doch alle Religionen haben seit jeher nur Männer an die Spitze der Macht gesetzt – Frauen haben unter deren „Führung" immer nur den zweiten Platz eingenommen.

So hatte die Große Mutter nie die Möglichkeit, sich voll und ganz zu zeigen, denn sie wird noch immer vom „spirituellen" Mann kontrolliert. Wenn dieser spirituelle Geschlechterkampf endet, wird auch die gegenseitige Achtung der Geschlechter eine neue, eine würdige Geschichte schreiben können. Die Mutterlosigkeit, die in der Welt herrscht, entstammt diesen spirituellen Machtkämpfen.

Ich kann mir vorstellen, dass die Frau durch das Wissen, das sie sich gerade aneignet, und die Fertigkeiten, die sie gerade erlernt, und den Mut, den sie sammelt, und die Wut, die sie zu Recht empfindet, genau die richtige Mischung an Kraft erfährt, dass sie – auch in der Gemeinschaft mit anderen Frauen – den Männern an der Spitze der Macht entschlossen entgegentreten kann. So kann sie sich wieder dorthin begeben, wo ihr eigentlicher Platz ist: an die spirituelle Führungsspitze – gemeinsam mit dem Mann.

Das Gesicht der weiblichen Urquelle, der Großen, wandelt sich im selben Maße, in dem das Bewusstsein der Frau zunimmt. Das liegt an der unsagbar vielfältigen, spiegelgleichen Fähigkeit des Weiblichen: Durch die Vernetzung der Informationen entsteht ein völlig neues Bild der Weiblichkeit.

Heute stellt sich nicht mehr die Frage „Gibt es eine Göttin?" oder „Wer ist die Göttin?", sondern „Wann zerbricht der Spiegel?" oder „Wie oft muss er zerbrechen, bis die Frau sich erkennt?".

3.2 Symbole der Weiblichkeit – Mutter Erde

So wie die Große Mutter ein unfehlbarer Spiegel für die Frau und ihre Beziehung zu ihrer eigenen Weiblichkeit ist, so ist die Natur und damit unsere Erde der Spiegel, in dem sich diese große Weiblichkeit und Mutter zeigt.

Unsere Erde ist voller Farben und die Farben der Mutter-Trinität spiegeln sich in ihr. Der Himmel, die Lava, das Wasser, der Stein, wunderschöne farbige Insekten und Blumen, Tiere und Früchte. Verschiedenste Hölzer, in vielen Farben und Dichten. Aber die Erde ist nicht nur eine Augenweide, sondern sie nährt uns auch wie jede Mutter es tut. Verschiedenste Getreidearten, unsere Baumwolle, unser Erdöl und alles, was wir essen und besitzen, kommt von ihr.

Wenn man zum Beispiel bei den Steinbrüchen von Massa Carrara vorbeifahrt, sieht man, wie Mutter Erde uns nährt. Man sieht von Weitem die weiß schimmernden Steinbrüche hoch in den apuanischen Alpen, in denen viele Männer arbeiten. Die ganze Stadt lebt direkt oder indirekt davon: Die Restaurants und Bars, in denen die Arbeiter essen, die Transporteure, die die Steine liefern, die Firmen, die die Steine schleifen, versenden ... alles dreht sich um den Marmor, der dort abgebaut wird.

Eine ähnliche Situation finden wir um den bekannten Erzberg in der Steiermark in Österreich. Und in Deutschland waren es einmal die sieben *Oberharzer Bergstädte*.

Mutter Erde erhält uns. Sie ist diejenige, die gibt und verteilt, aber auch wieder nimmt und verarbeiten muss.

In Italien gibt jeder Einwohner rund 524 kg[43] Müll pro Jahr wieder an die Erde zurück. In Deutschland sind es 564 kg und in Österreich 597 kg[44]. Und diese Zahlen steigen jährlich! China ist ein Land, wo aller Müll der Erde landet. Kein Wunder, dass niemand einschreiten und einen kritischen Blick auf die Umweltbedingungen wirft, die dort herrschen. Zufälligerweise hat dort nicht nur die Natur[45] großenteils keinen Wert, sondern auch die Weiblichkeit und das Frausein werden[46] weithin unterdrückt.

Tiere sind Boten von Mutter Erde. Sie übermitteln Botschaften, sind in Bewegung und überbringen einen

ganz speziellen Geist, der für uns wichtig ist. Die Lebens-
bedingung vieler Tiere sind schwer geworden und für
manche Arten sogar lebensbedrohlich. Die meisten der
vom Aussterben bedrohten Tiere leben im Wasser. Die
Situation des Wassers auf unserem Planeten scheint
sich drastisch zu verschlechtern. Solange wir das Wasser
aus dem Wasserhahn haben oder aus der Sprudelflasche
trinken können, werden sich wenige wirklich darum kümmern, aber was, wenn das Wasser immer teurer wird
und immer verseuchter? Nitrate und andere Schadstoffe
können sich durch das Wasser in der Kleidung ablagern
und Hautprobleme verursachen. Warum müssen wir
abwarten, bis etwas passiert, bevor wir etwas unterneh-
men? Die Natur selbst bietet jede erdenkliche Antwort.
Wir müssen nur lernen, die richtigen Fragen zu stellen:
„Frauen haben eine besondere Affinität für solche Vor-
gänge, für diese Verbindung von Innerem und Äußerem,
für die emotionale Bedeutung von Ritualen."[47]

Die Erde ist eingebettet in einen dauernden Zyklus.
Die Frau lebt mit den Rhythmen der Erde. Egal ob sie es
weiß, ob sie sich darüber nicht im Klaren ist, ob sie es wil-
lentlich unterdrückt oder sich unbewusst dagegenstellt
– sie ist und bleibt mit den Zyklen der Natur verbunden.
Die Jahre des Menstruationszyklus sind die Jahre, in
denen wir uns selbst erfahren und lernen könnten, mit
diesen Rhythmen besser in Einklang zu kommen und
unseren Vorteil und Nutzen daraus zu ziehen. Die Beobachtung der Mondlaufbahn in Zusammenhang mit unserer

Menstruation, unserer Gefühlslage, unserer Vitalität und sexuellen Lust sind ein guter Anfang.

Eine genauere Beobachtung der Natur und der Umwelt lassen ebenfalls wunderbare Aufschlüsse über uns und unsere Verbindung zum Weiblichen zu. Wenn wir die Erde als eigenständiges Lebewesen betrachten, dessen Oberfläche zu 71%[48] mit Wasser bedeckt ist, ähnlich der Komposition unseres Körpers, der aus 60% Flüssigkeit besteht, dann kann man sich schon fragen, ob die Art des Umgangs mit den inneren Gewässern vielleicht der des Umgangs mit den äußeren entspricht. Die Erde ist und bleibt ein Spiegel unserer Verbindung mit dem weiblichen Körper.

Unser Umgang mit der Erde, auf der wir leben, entspricht dem Umgang mit uns selbst: Wie sehr wir uns behüten und beschützen oder eben selbst ausbeuten. Es gibt viel zu viele Frauen, die die Verbindung zu ihrem göttlichen Weiblichen abgeschnitten haben und damit auch die Verbindung zu unserer Erde. Die Erde ist und bleibt unser eigener Spiegel. Und für jeden Menschen ist genug Platz, um zum richtigen Zeitpunkt den Spiegel zu finden, den er braucht.

Wir alle leben auf diesem definierten Raum und ob wir das Leben innerhalb dieses Raumes achten oder nicht, hat Auswirkungen auf alle Menschen und ist unabhängig von Politik, Rasse und sozialem Stand. Viele Industriebosse und Politiker wollen die Erde lieber noch schnell profitgierig ausnutzen, als der Wahrheit ins Auge zu blicken. Die

Ethik des „Leben und leben lassen" ist ihnen von ihren Müttern höchstwahrscheinlich nicht vorgelebt worden. Jede Mutter ist auch Tochter unserer gemeinsamen Großen Mutter Erde – so wie die Gestirne und ihre Bewegungen Einflüsse auf unsere Erde ausüben, so tun sie es auch auf uns und in besonderem Maß auf uns Frauen. Die Vernetzung und die ungeheuerliche Koordination, die in unserem Universum herrscht, lässt uns einerseits vor Entzücken erschauern und andererseits in endloser Stille verstummen, durch die Größe und Macht, in die unsere Erde eingebettet ist.

Ich erinnere mich an die andächtigen und stillen Momente mit meiner Mutter, wenn sie uns abends mit nach draußen nahm, um den Sternenhimmel zu beobachten. Sie ist eine leidenschaftliche Astrologin und hat uns allen immer die Sternbilder erklärt. In diesen Momenten waren alle Probleme des Alltags stets wie weggeblasen. Wir waren mit etwas viel Größerem verbunden.

Leider haben wir so gerne die Kontrolle über unser Leben, dass wir solchen Momenten, in denen wir völlig eingebettet sind in etwas viel Größeres, nicht viel Aufmerksamkeit zukommen lassen. Es ist uns von allen Seiten eingeimpft worden, dass es besser ist, unsere Vitalität zu kontrollieren. Wenn diese Kontrolle aus Angst geschieht, wird sie die innere und die eigentliche Freiheit eindämmen und es unmöglich machen, Möglichkeiten der Freiheit im Außen wahrzunehmen. Frei sein heißt auch, ganz im Einklang mit den eigenen Rhythmen zu sein und sie mit denen der Erde schwingen zu lassen. Daraus ergeben sich wertvolle Erkenntnisse des eigenen Seins.

Unsere Rhythmen wahrzunehmen, ist die beste Chance, um Veränderungen festzustellen. Jeder Zyklus bringt Veränderung. Veränderung ist immer in Zusammenhang mit dem Alten, das ausgedient hat, und dem Neuen, das ins Leben kommt, zu sehen. Das kann eine Denkweise sein, eine geliebte Hose, ein Freund, der sich verändert, oder einfach die Zeit, die vergeht.

Mutter Erde ist ein wunderbares Symbol und Beispiel für all diese fraulichen Eigenschaften. Sie ernährt, sie gewährt, sie gebärt, sie erhält und all das ständig und unaufhaltsam. Aber sie ist nicht nur die liebe Mutter, sondern auch die böse, die mit einem Vulkanausbruch hunderte Einwohner tötet und mit einem Erdbeben tausende Menschen auslöscht. Die Trinität der göttlichen Weiblichkeit bleibt in ihr erhalten.

Spaziergänge in der Natur, ein Picknick, eine Blume pflanzen und pflegen, einen Garten anlegen, das alles sind lauter kleine Verbindungen mit Mutter Erde. Ihr im Leben Raum und Platz zu geben oder sie zu ehren, ist keine ethische Frage mehr, sondern der Respekt, den sie fordert, wird langsam zu einem dringlichen „Muss“: zur Pflicht, eine Blume oder einen Strauch zu pflanzen und zu hegen oder ein Tier zu halten und zu pflegen. Mit dem Bauch auf einer Wiese zu liegen und ganz nach innen zu gehen, und in Gedanken mit ihrem heißen Zentrum Verbindung aufnehmen oder im grünen Gras an einem Baum angelehnt die Augen schließen — all das sind Momente, die dich durch sie mit dem Weiblichen in dir in Verbindung bringen.

3.3 Der Kreis schließt sich

Es lässt sich nicht länger leugnen, dass die „neue Zeit" tatsächlich eine neue Zeitqualität einläutet. Wir haben gesehen, dass im Kampf der Geschlechter keiner gewinnen kann, sondern beide nur verlieren. Die neue Zeit bringt mehr Achtung voreinander. Dass wir verschieden sind und verschiedene Wege gehen und verschiedene Wege brauchen und uns gerade dadurch unterstützen und bereichern können, ist noch nicht in das Bewusstsein aller vorgedrungen. Die Qualitäten der Frau bereichern den Mann und umgekehrt. Wir haben die patriarchalischen Werte kennengelernt, in guten und in schlechten Zeiten, und das Gleiche gilt für die matriarchalischen Werte. Die nächste Aufgabe ist es nun, den gegenseitigen Wert zu erkennen. Keine Frau kann dem Mann sagen, was er tun soll, damit er ein richtiger Mann ist, allerhöchstens wird es wieder eine Maske von Mann, die er aufsetzt, um es der Frau recht zu machen. Aber was es für den Mann wirklich heißt, Mann zu sein, und für die Frau, Frau zu sein, das kann Mann nur unter Männern erfahren und Frau nur unter Frauen, denn es geht hier nicht um intellektuelles Wissen, sondern um das geschlechtsspezifische Körperwissen, das uns völliges Vertrauen geben kann in unser „So-Sein".

Also ist es konsequent, das andere Geschlecht in seinem Anders-Sein zu schätzen, zu achten, zu respektieren und zu lieben. Viele von uns verbringen ihre Zeit mit der Heilung alter Wunden, die aus der Nichtachtung des eigenen oder des anderen Geschlechts herrühren. Und diese Zeiten sind nötig, um letztendlich eine gegenseitige Bereicherung zu erfahren.

Frauen definieren sich in jeglicher Hinsicht neu und wir dürfen nicht den Fehler machen, uns aus Angst vor der Zukunft und weil wir nicht wissen, wo die Entwicklung uns hintreibt, an die Geschichte zu klammern. Es geht vielmehr darum, die Vergangenheit ganz sein zu lassen, sie zu sehen, aber uns darin nicht wie in einem Spinnennetz zu verfangen. Nur so können wir immer bewusster und präsenter werden im Moment. Das „Jetzt" in Verbindung mit dem Weiblichen zu erleben, birgt die Zukunft unserer Welt in sich.

Das Chaos, das zwischen den Geschlechtern herrscht, ist ein richtiger erster Schritt zur Veränderung. Nur mit neuen Idealen und einer sanften Revolution können wir gemeinsam in das Abenteuer der gleichwertigen Geschlechtsidentität aufbrechen. Alte Werte der Familie und der Beziehungen werden geopfert und machen neuen Platz. Licht und Leichtigkeit sind zunächst nur in

der Idee vorhanden und es braucht noch einige Erfahrungen, um diese neuen Freiheiten auch tatsächlich zu
leben.

Dies wünsche ich uns und im Besonderen unseren
Kindern.

Danksagungen

An dieser Stelle möchte ich allen Personen danken, die direkt oder indirekt an diesem Buch mitgewirkt haben:

Meinem Ehemann Elmar, der seit 26 Jahren an meiner Seite steht, und unserer Tochter Julia, mit der ich das Muttersein in allen Facetten leben darf.

Meinen Eltern Renate und Michael, meinen Schwiegereltern Gertrude und Siegfried, meinen Großeltern und Geschwistern.

Meinen Nachbarn, dass sie meine Zurückgezogenheit während des Schreibens respektierten, und den Frauen im Dorf, die mir ihr ganz individuelles Frausein im Alltag zeigten.

Meinen Lehrern Jack Rosenberg und Marjorie Rand, Lama Chhimed Rigdzin, Bert Hellinger, Mother Mira, Rose Fink, Harley Swift Dear Reagan, Karlton Terry.

Meinen Klientinnen, die mir zeigen, wie stark die Prägung der Mutter auf ihre Entscheidungen, ihr Selbstgefühl, ihr Liebesleben ist.

Den Buchautoren, die mich zu diesem Thema inspiriert haben: Ken Wilber, Luisa Francia, Babaji, William Emerson, Verena Kast, Varda Hasselmann, Julia Cameron.

Meinen Haushaltsgehilfinnen Karina und Lucia sowie den Sekretärinnen im Büro: Laura und Romina. Stefanie Risse, die das Manuskript korrigierte und editierte.

Quellen

1. Ann Dally: Die Macht unserer Mütter, Klett-Cotta, Stuttgart 1979, S. 29
2. Daniel N. Stern, Nadia Bruschweiler-Stern: Tagebuch eines Babys, Piper, München 2004
3. Daniel N. Stern: Die Lebenserfahrung des Säuglings, Klett-Cotta, Stuttgart 1992, S. 40
4. André van Lysebeth in: Gabriella A. Ferrar: Dalla grande Madre al bambino, Roma 2002, S. 10
5. Karlton Terry, TAOs-Embodiment-Workshop, Schaffhausen, persönliche Aufzeichnungen, Februar 2006
6. William Emerson, Dennis Linn, Sheila F. L., Matthew Linn: Remembering our Home, Paulist Press, New Jersey 1999, S. 116
7. Ludwig Janus und Sigrun Haibach (Hrsg.): Seelisches Erleben vor und während der Geburt, Lingua Med Verlag, Neu-Isenburg, 1997, S. 153
8. Riccardo Stagliano in: La Repubblica; lunedi, 14 Marzo 2005, Roma, S. 15
9. Bulletin of the World Health Organization, June 2005, 83 (6) WHO/Europe, European HFA Database, June 2006
10. Ministero della Salute, Venerdi 30 giugno 2006, Focus – Il taglio cesareo, www.ministerosalute.it
11. ISTAT, Gravidanza e parto del 2001, articolo 13, S. 10
12. Dr. med. Ulrike Lutz und Prof. Dr. phil. Petra Kolip: Die GEK-Kaiserschnittstudie, Schriftenreihe zur Gesundheitsanalyse, Band 42, Bremen, April 2006, S. 17
13. Geburtsallianzfakten, http://geburtsallianz.at/fakten/kaiserschnitt/index.html
14. Karlton Terry, TAOs-Embodiment-Workshop, persönliche Aufzeichnungen Schaffhausen, Februar 2006

15. Karlton Terry, TAOs-Embodiment-Workshop, Schaffhausen, Februar 2006

16. Wikipedia.it, Anatomia umana, vita dello spermatozoo

17. Ken Wilber: Halbzeit der Evolution, Frankfurt 1996, Zusammenfassung von S. 136-159

18. Hendrika C. Halberstadt-Freud: Elektra versus Ödipus, Klett-Cotta, Stuttgart 2000, S. 138

19. Markus Fischer: Der ewige Tanz zwischen Nähe und Distanz, Teil 3, Newsletter – IBP im Dialog Nr. 12, Ausgabe 1/2006, S. 2-3

20. Hans Joachim Maaz: Der Lilith Komplex, dtv, München 2005, S. 122-123

21. Markus Fischer: Der ewige Tanz zwischen Nähe und Distanz, Teil 3, Newsletter – IBP im Dialog, Nr. 12 Ausgabe 1/2006, S. 2

22. Lama Chhimed Rigdzin, Byangter und andere Belehrungen und Praktiken gemäß der Tradition des Klosters Khordong, Phowa & Bardo Belehrungen, 2001 in Tübingen

23. Verena Kast: Der Schatten in uns, dtv, Düsseldorf 1999, S. 82

24. Christine Brinck: Nicht ohne meinen Papa, Die Zeit, Nr. 1, 23. Dezember 2002, S. 9

25. Teen Pregnancy, Preventions Link to other Critical Social Issues, The National Campaign to Prevent Teen Pregnancy, February 2002, in: Svegliatevi 8 ottobre 2004

26. Marguerite A. Sechehaye: Diario di una schizofrenica, Giunti, Firenze 2000, Originaltitel: Journal d'une schizophrène

27. Hans-Joachim Maaz: Der Lilith Komplex, dtv, München 2005, S. 156 und 158

28. Ann Dally: Die Macht unserer Mütter, Klett-Cotta, Stuttgart 1979, S. 280

29. Verena Kast: Vater-Töchter Mutter-Söhne, Kreuz Forum, 2005 Stuttgart, S. 81

30. Elmar und Michaela Zadra: Tantra in der Zweierbeziehung, Goldmann Verlag, München 2002, S. 80

31. Steven Foster und Meredith Little: Vision Quest, Sinnsuche und Selbstheilung in der Wildnis, Braunschweig 1991

32. Jack Lee Rosenberg und Beverly Kitaen-Morse, IBP-Institut, Winterthur

33. Elmar und Michaela Zadra: Tantra – Bewusstseinsentwicklung und sexuelle Ekstase, Goldmann Arkana, 2000, München

34. Maja Storch, Die Sehnsucht der starken Frau nach dem starken Mann, Goldmann, München 2000, S. 62

35. Warda Hasselmann und Frank Schmolke: Archetypen der Seele, Goldmann Arkana, München 1993, Zusammenfassung S. 56-99

36. Verena Kast: Lob der Freundin, Stuttgart 2006, S. 8-9

37. Claudia Barner: The Thirty Sacred Laws, Part I, Deer Tribe Metis Medicine Society, 2000 USA, S. 81

38. H. J. Landy und L. G. Keith: The vanishing twin: a review, Human Reproduction Update 1998, 4:177-183

39. Renate Schlipper: Persönlicher Brief, Anghiari, Juni 2006

40. Silvano Möckli: Die demographische Herausforderung – Chancen und Gefahren einer Gesellschaft lang lebender Menschen, Paul Haupt Berne Verlag, Basel 1999, S. 26

41. Paul Badde: Maria von Guadalupe, Berlin 2005, S. 213

42. Jes Bertelsen: Befreiung des Bewusstseins, Basel 1994, S. 152

43. Annuario dei dati ambientali, 2003, www.apat.gov.it, La produzione di rifiuti urbani, Tabella 14.3

44. Eurostat, Statistische Daten der kommunalen Abfälle, 2007

45. Annuario dei dati ambientali, 2003, www.apat.gov.it, La produzione di rifiuti urbani, Figura 14.4

46. Xinran: Verborgene Stimmen, Knaur Verlag, München 2005

47. Marie-Jeanne Augustin: Neid, Neugier und weibliche Kreativität, Düsseldorf 1999, S. 214

48. Wikipedia.it, Terra, Idrosfera, S. 146

Illustrationen und Zeichnungen

Seite 23: Eizelle und Spermium: Die Vereinigung in 4 Phasen, Michaela Zadra

Seite 27: Tabelle zur Berechnung des Tages der Empfängnis: Enciclopedia della medicina, De Agostini, Novara 1995, S. 470

Seite 30: Nymphen, Michaela Zadra

Seite 31: Der Weg der Eizelle, Michaela Zadra

Seite 64: Die Umarmung, Michaela Zadra

Seite 89: Das Lied der vier Himmelsrichtungen: Deer Tribe Metis medicine Society. Unterlagen aus dem Seminar „Redmist tenuto da Rose Thunder EagleFink", 1999

Seite 133: Die Grauenvolle, die Liebende, die in Vereinigung, Michaela Zadra

Seite 134: Die Liebende. Elmar und Michaela Zadra: Tantra und Meditation, Hans Nietsch Verlag, Freiburg 2008, S. 294

Seite 136: Die Mutter in Vereinigung. Elmar und Michaela Zadra: Tantra und Meditation, Hans Nietsch Verlag, Freiburg 2008, S. 45

Seite 137: Die grauenvolle Mutter. Elmar und Michaela Zadra: Tantra und Meditation, Hans Nietsch Verlag, Freiburg 2008, S. 87

Zur Autorin

Michaela Zadra (geb. 1967 in Österreich) hat zunächst Industriedesign studiert.

Ihre spirituelle Suche führte sie später nach Indien in verschiedene Ashrams, wo sie mit dem tibetischen Buddhismus in Kontakt kam. Zurück aus Indien, begab sie sich für 8 Jahre mit ihrem Ehemann Elmar Zadra auf den neotantrischen Weg. Im Laufe der Jahre hat sie viel Wissen in verschiedenen Disziplinen gesammelt: Aufstellungsarbeit nach Hellinger, Paarberatung, Schamanische Ritualarbeit, Dance-Movement-Therapie, Rebalancing, IBP-Counseling (Integrative Body Psychotherapy).

Gemeinsam mit Ihrem Mann leitet sie seit 1995 das Tantra-Institut „Maithuna" und hat mit ihm gemeinsam fünf Bücher zu den Themen Paarbeziehung, Tantra und Frausein veröffentlicht, die in Italien sehr erfolgreich sind. Sie lebt in der Toskana und hat eine erwachsene Tochter.

Kontakt

Nach der Lektüre dieses Buches möchten Sie vielleicht von jemandem bei Ihren Erfahrungen begleitet werden oder Sie würden gern Ihre eigenen Erkenntnisse mit anderen Menschen in einer liebevollen Atmosphäre teilen.

Informationen zu Seminaren der Autorin im deutsch-
sprachigem Raum erhalten sie bei:

Connection Medien GmbH

Hauptstraße 5

D-84494 Niedertaufkirchen

E-Mail: wolf.schneider@connection.de

Internet: www.connection.de

Die Autorin selbst bietet Workshops in italienischer
Sprache in der Toskana an:

Michaela Zadra

Istituto di Tantra Maithuna

I 52031 Anghiari AR

Tel. + 39 /0575 / 749330

E-Mail: info@maithuna.it

Internet: www.maithuna.it

Die Quellen weiblicher Kraft

Elena Priarollo

Sangue Magico
Die Quellen weiblicher Kraft
[Ein Handbuch]

Dieses Buch ist eine Botschaft an Frauen, auf die Suche nach einer echten ursprünglichen Weiblichkeit zu gehen.

Die Autorin zeigt, wie wir uns mit der weiblichen Urkraft verbinden und eine tiefere Dimension des Frauseins wiederentdecken können. Durch Übungen, Rituale und Mythen nähern wir uns wieder der Natur an und vertiefen unsere Kenntnisse um Körper und Emotionen.

Elena Priarollo
Sangue Magico
242 Seiten, Broschur
ISBN 978-3-89901-475-4

luechow-verlag.de

Mit Liebe fürs Detail und für die Umwelt

Bei der Auswahl der Inhalte, die wir präsentieren, achten wir auf Originalität, Kompetenz, Praxisrelevanz und Qualität. So können wir mit Herz und Seele hinter unseren Büchern, Hörbüchern, Filmen und den anderen Produkten stehen, die wir mit viel Liebe und Aufmerksamkeit bis ins letzte Detail fertigen.

Wir leisten einen aktiven Beitrag zum Umweltschutz und verbrauchen nur wirklich notwendige Ressourcen — so sparsam wie möglich. Wir drucken überwiegend auf 100% Recyclingpapier oder produzieren unsere Titel klimaneutral. 99% unserer Fertigung findet in Deutschland statt, so haben wir kurze Transportwege und unterstützen die lokale Wirtschaft.

Inspirationen, interessante und wertvolle Neuigkeiten, Wahres, Schönes & Gutes sowie wichtige Termine können Sie regelmäßig in unserem Newsletter erfahren oder hier: **www.facebook.com/weltinnenraum**

weltinnenraum.de

J.Kamphausen | Mediengruppe